机关行为36"忌"

张建 著

讲讲机关干部行为的规矩

人民出版社

contents

目录

自序 | 开头的话

2013 年年底，我在中央国家机关青年科级干部培训班任培训指导。期间，有青年请我讲一讲我在机关工作中的教训。作为机关工作的过来人，教训远比经验要多，我也愿意说给他们听。培训班结束后，还有一些青年干部找我请教交流，结果越说越多，《机关行为 36 "忌"》就这么产生了。

这里所说的机关，主要是指从中央到地方的各级党政机关。党政机关的工作人员是依法行使国家职权从事公务的人员，有着和其他组织不同的一些特别的要求。一次我演讲结束，一位研究生过来向我表示感谢，说是听了我的讲座，他决定不到党政机关工作了，因为他的理想是创业致富，且喜欢特立独行，他认识到他的思想行为不适合做国家机关的工作人员。优秀的公务员和优秀的企业家、杰出的专家学者在思维方式和行为上是有很大不同的。

这里所说的行为，属于一种"无意识差错"，是指机关工作人员在无意识或者自己不认为是错的情形下发生的。所谓"忌"，是因为看上去错误不明显，对非国家机关工作人员来说未必是"忌",在有些机构和部门也不是问题,但在国家机关里就不适当。国家机关与其他的机构部门有着本质的区别,它的工作人员由国家财政负担工资福利、由全体纳税人所俸养、服务于全体人民并接受全社会的监督,所以有着更高更严格的要求。这些不适当的行为在机关里一般不会被强调,但其并不符合机关的职责要求,也与个人的主观好恶无关,所以不是潜规则,是明规则。

我自己工作 40 多年,现在回过头来看,也犯过许多无意识差错,在和机关干部的交流中,逐渐总结提炼出了本书所列举的行为之"忌",不很全面,也未必对,仅供参考。

母亲对女儿说:"孩子,我们走过的弯路你不要再走了。"女儿说:"我不走,怎么知道是弯路呢?"女儿没有说错,许多事情如果不是自己亲身去经历,怎么知道是对还是错呢?毕竟路还是要自己去走的。有人说青年有走弯路的权利,我赞同。"纸上得来终觉浅,绝知此事要躬行",人生就是无数经历的叠加,亲历一些弯路亦是人生的财富。但是,国家机关工作人员的职责要求我们尽量少走弯路。因此,我希望本书的这些提示能够帮助机关干部少走不必要的弯路。以下就是我和我们曾经走过的一些弯路,姑且说之,姑且听之吧。

36 "忌" 之一
"没有没有"

没有准备，没有尽责。

机关行为 36 "忌"
JIGUAN XINGWEI 36 JI

　　我先说一个机关里常听到的一句话："没有没有"。

　　一次，青年干部小王到我办公室，放下一份材料就要走。我叫住他，问是什么材料，他说是外部门征求我们意见的材料。我问他："你看过了吗？"他说"我看了"，我又问他："你有什么意见吗？"他急忙说"没有没有"，态度谦恭，意思是说"我怎么敢有意见呢"。说者无心，听者有意，我对他说："既然你看了就应该有些意见，多少你说出来看看"。看我真的要听他意见，他就说了三点意见，我听了以后，就让他把他的意见写上，作为我们的意见反馈了。

　　想想我年轻时在办公室工作，过手的文件材料只管登记一般都不看，好像跟自己没什么关系似的，送到领导那儿也没有想表达的自己的意见，只当自己是一个转运工具。再看看现在的年轻人，已经比我那时强了很多，一般过手的材料都会看，只是通常不表达自己的看法，你不要求他就不说，错把"没有没有"当成了谦恭，没有认识到自己接手的文件，就有责任提出自己的意见；或是没想到领导会听他的意见。因为自己没有看法，或者不认为自己有表达看法的必要，或者就不想有所表

004

达，总之一句话，没有准备。而我们知道，机会是给有准备的人的。

　　有时候，我和上级或者下属共同参与或经历某事，如果上级问我有什么意见或看法，我都会认真地发表意见，因为这时候都是我思考、提高和展示的机会，更是学习、请教和共享的机会，通常不会随意放过。而我征求下属的意见和看法时，也是希望能有学习交流的机会，当然也有对下属考察的意味。如果下属没有准备，只是仓促应付或"没有没有"，我就会感到遗憾，并知道那是因为他没有经验，也没有准备，就像我年轻的时候一样，还需要历练。

　　还有青年跟我说，有时面对一些领导，担心失言或出于自保选择"藏锋"，顾虑多多，所以会说"没有没有"。但无论怎么讲，"没有没有"是一种消极的做法。有的也和机关司处文化有关系，领导不想听你的，想说也不能。如果确实没有看法，就说："没有"，而不是"没有没有"。

　　机关有机关的规则，岗位有岗位的职责。跟你工作职责范围有关的事，你不能说"没有没有"。在领导征求你的意见的时候，"没有没有"会被认为没有尽职或是没有准备，并不是谦恭的表现。领导不让你说，那是领导的问题。即使领导没有让你说，如果是你职责内的，你也应该尽可能地表达自己的意见，说出自己的看法。一般情况下，有看法有想法是正常的，而"没有没有"通常只是表示不想说的意思，除非你没看过或真不知道。而你有看法的时候，就要创造一些条件，能够正面地表达自己的看法，不在长短，贵在精炼。如果你深入思考了，就能给你的领导多一些参考，因为你总有一些想法是你的上级所没有的或所需要的，这样的交流和共享何乐而不为呢？

36 "忌" 之二

"我不行我不行"

真就不行了，那可是你自己说的。

办公室的规则很多，我所说的忌讳，是指青年干部在无意识的情景下出现的一些差错，因为不是故意的，不知不为过。我曾经犯过的无意识差错，也是现在一些青年干部容易犯的，如果能借鉴我们的经验和教训，给他们做个参考，应该还是有意义的，算是温馨提示吧。下面再说一个"我不行我不行"。

有一次，机关要召开全体大会，有我们支部的一个发言，内容和青年干部成长有关。随后，有一位青年到我办公室来送材料，我就对他说："委里要开大会，你代表咱们支部发言吧。"他连忙说："我不行我不行！"看他那诚惶诚恐的神情，我不忍心再给他压力了。后来另外一位青年接受了我们的建议，代表支部、更代表青年，上台发言的效果出乎意料的好。

在机关里，经常可以看到我刚才所说的这种情景，每每这个时候，我都很为青年干部惋惜，许多带有一定压力的好事，本来是青年干部学习、提高、展示的绝好机会，只要努力，几乎没有做不好的，为什么许多青年都认定自己不行而推让了呢？

　　　　可能是因为家人朋友经常告诫自己要低调行事不要出头，

但凡在较大的场合尽量不要露脸；可能是因为机关讲究层级秩序，上台露脸必须先从领导开始；可能是因为自己没有经历过较大场合的锻炼，不知道自己是否能有好的表现；可能是因为自己一向自卑不自信，就认定自己不行，也就断了表达展示的念头，等等吧。但作为领导，往往不这样看，我推荐你，就是认为你能行，只是看你有没有勇气和信心，只要有决心有信心，经过一定的练习和指导，就一定能行。再说你只要在机关工作，经常都要到场面上去，何不早一些就着手锻炼呢。我们的青年干部，经常代表司局到基层调研或参加活动，作为上级机关的代表，不论你职位大小，都被叫做"上级机关的领导"，都经常要在会上发言或讲话，这时候不讲还不行。所以我们经常看到有的青年干部由于平时锻炼不够，到需要的时候就表现欠佳，难免尴尬。如果勇于接受挑战，注重平时锻炼，有了自信和能力，就能有很好的表现，堪称中央国家机关青年干部的代表。

自信，既是国家机关公务员的基本素质，也是青年干部成长发展的必备品质。前些年我主持过几次招聘面试，可以看到自信的重要作用，占有相当的分量。有一次我主持面试，一位应试的女青年进来后，首先主动与我们的考官一一握手，眼神充满自信。坐定后我先坦率开言："我们单位不重男轻女，因为女青年已经过半，所以我们其实是想招聘男青年。"她马上说："那您就把我当男青年用就行了，论精力论体力我都没问题。"回答得自信有力，要想否定都难。我又问："你有什么优点？"

她说:"我主要有一个优点,就是无论领导交给我什么任务,我都能千方百计地完成好!"旁边一位干部随口说:"那你能摘月亮吗?"她随口就接:"好,请领导给我一个天梯,我一定完成任务!"话说到这个份上,我们就得接这个"球",于是我说:"那好,明天就到处里实习,两天后交一份报告。"事实上,她的自信已经赢得了我们的认可,被录用就没有什么问题了。

"我不行我不行"是一种不自觉的情境下发生的行为,这和没有思想准备很有关系。我在年轻的时候,就很缺乏准备意识,别说突发事件,即使已经决定要去做的一件事,也很少考虑可能会出现的各种情况。当对方提出一个要求或问题的时候,往往手足无措,尴尬慌张,自然就不行了。由此我想应当引起青年干部的注意,能不能在任何时候都不说"我不行我不行",即使自己真的没有勇气担当,或认为自己确实难以胜任,也轻易不要拒绝。首先表示感谢,尽可能抓住这个锻炼提高的机会,可以说"我试试",或"我可能不行,建议请其他同志更适合。"这时的"不行"就不是胆怯和推辞的意思了。

36 "忌" 之三

事毕不回复

可以不发，不能不回。

　　一次上班后，我让小王给上级部门送一个材料。一个小时过去了，没有回复，两个小时过去了，还没有回复。一直到中午我在楼道里看见了他，我问他材料送到了吗，他说送到了。我问他送给谁了，他说要送的人不在，他就委托办公室的人转交了。由此，我认为他是一个靠不住的人，以后轻易不会委托他去办所谓很小的但实际是重要的事了。

　　想想我年轻的时候，经常干这种不负责任的事，因为在我的意识里就没有办事必须及时回复的信念，以为只要交代的事做了就行了，问心无愧了，很少念及他人的感受，而且也没有人因为我没回复而教训我。一直到了好多年以后，还是后来我委托别人办事的时候，才有这种强烈的感觉。年少轻狂，很不懂事，认为事毕回复不回复是芝麻小事，不屑在意，所以很难得到他人重要的托付。

　　可能有人会说，既然你认为小王要回复，那就交代他一声就是了。这还需要交代吗？如果特别重要的话，我当然会交代，但很多时候是不能凡事都交代的。大事看能力，小事看品格。小事都靠不住，大事还敢托付吗？

有一个干部说他及时回复领导，领导还不高兴了，我问怎么回事，原来领导让他联系另一个部门的领导，他联系后回复说不在，这算回复吗？领导当然不满意。我推荐小王看一本叫做《把信送给加西亚》的书，这本小册子说的是美西战争时期，美国总统要把一封信送到远在巴西丛林中的反抗西班牙政府的加西亚将军手上。谁能送到呢？有人推荐一个叫罗文的陆军中尉，说只要托付给他的事他就能办到。罗文历经千难万险千辛万苦，把信送到加西亚将军的手上，赢得了美西战争的关键胜利。为什么只有罗文才能送到呢？因为他有克服一切困难完成受命的品格，大家都信任他。他有千条万条理由送不到信，或者转交他人也未尝不可，如果是这样，那他就不叫罗文了。他送的是一封信吗？不是，他送的是一个战士的信誉。这个传奇故事之所以在全世界广为流传，就是因为罗文的信用，体现了人性的光辉。这也是 100 多年来，《把信送给加西亚》这本书在全世界广泛流传成为最畅销书之一的原因。

　　在我们周围，总能看到有的同事办事特别牢靠，凡事都会给你有个交代，凡事事毕就回复。在我任职的司里，大家都做得很好，都能自觉地从小事做起，件件有着落，事事有回音。当然还有最让你放心的人，但凡遇到重要的事，哪怕很小，你一定就会想起他来。你不用担心，你委托的事他一定会放在心上，尽心尽力，随时回复，绝不让你焦急等待。同样的，你对他的事情，也不会大意，也不敢大意，也会尽心尽力给他有个交代。这种情景，这种感觉，只有共事的双方心中默契才有这种美妙的感觉。可贵的是，具备这样品格的人，绝不会只对上级领导讲信誉，对同事、对外人、对下属都能一样相待。小事不会忽略，大事就更没问题。你看机关里口碑好的人，都有这种优秀品质，都能够得到大家的赞誉。

所谓事毕必回复，说的是该回复就要回复。我们经常有一些应急的任务，比如一个干部临时受命，当天晚上七点钟出发飞赴目的地，结果一晚上没有回复，他到了吗？有什么情况？一直到第二天中午要返京了才回复。他自以为没有必要及时回复，却不知家里很期望得到他的消息。如果我催问，实际上就是批评他了，这个分寸不好把握。而对于许多工作上的事，不能等任务全部完成再回复，阶段性的进展都要及时地回复。一方面要让领导和家里人放心，另一方面及时反馈情况能为正确决策提供依据。

有人说得好，事毕不回复就像任务完成了99%，就是这1%没落实，结果就算没完成好，甚至会影响和误了大事，所以不能不重视。有人说不同领导要求不一样，怎么把握这个尺度呢？我想这和领导没有关系，职责范围应该做的，该回复就回复，根据事情的轻重缓急及时回复。等到上级催问了，说明你的回复已经不及时了，再次催问就已经表示对你不放心了。不回复的小事实则隐藏着靠不住的大问题。

现在的信息和通讯如此发达，以至于多到了回复不过来的程度。但在机关里，在工作上，只要是和你岗位职责有关的事，都要及时回复。设想一下，你给你的同事或领导发了一个信息，群发的不算，如果对方没有回复，你是什么感觉？以后你还会给他发吗？同样道理，他给你发的你不回，是你不想，还是不屑？这些都不是小问题。我的原则是我可以不发，但不能不回。无论是谁，除非你故意不回，都要给予回复，这是一个尊重自己和尊重别人的事情，当然是和工作有关的。

事毕就回复，说起来简单，要做好很不容易。送信送材料只是表面上的事，根子上还是职业品格的问题，这和承诺与诚信有关。有人可能会说，有些事毕不回复的人，可能他的能力水平很强很高，只是不拘小节、不屑小事罢了。我相信不及时回复的人当中，可能有做大事的能力，即所谓不屑小事的人。但如果在有能力和靠得住的两种人当中只选一种，你会选择哪一种人呢？

36 "忌" 之四

拖拉误事

误了人家事小，误了自己事大。

实习生小王、小李见到我，我交代小王把我们的三本笔记复印一下，因为材料比较多，我让他抽空去做。一天过去了，两天过去了，三天过去了，复印件还没有交给我，那几天司里整理文件倒腾柜子，他们两个成了壮劳力，几个处室都抢着用他们。结果一个星期过去了，十天过去了，复印件还没交给我。那天要上报材料，我想起了复印笔记的事。我问"复印好了吗？"小王说："对不起，还没有，现在我马上复印。"我说："不用了，已经赶不上了。"我把小李、小王都叫来，跟他们说："这些天你们很辛苦，几位处长都表扬你们。但你们在我这儿表现不及格。明天你们就不用来了，希望这能成为你们的一份财富。"他们表示歉意非常愧疚，但已经来不及了。好在实习表现不进档案，不会留下"后遗症"。

后来有一次我给青年干部讲机关行为，后排的一位青年主动站起来要求发言，他说："我是小李，我在场。那次我们把司长交给我们的任务给忘了，非常不应该，都不好意思见司长了。这件事真的成为了我们的财富，我们现在都找到了很好的工作。"

还能找到很好的工作？看来错误真的已经成为财富了。小王、小李错在哪儿？看起来只是一个拖拉的事情，其实他们并不懒惰，那些天他们干活也不惜力，怎么就"不及格"了呢？而且他们还没有意识到他们的错误，就是我说的"无意识差错"。这就比较可悲了。照这样下去，恐怕他们要想优秀就比较困难了，因为主次不分，不知道许多事情是不能拖拉的。

我20多岁的时候，经常也干这样的事。有些事以为领导说"抽空"，那就抽我的空儿；或者认为自己没闲着，也不偷懒，有些事拖延拖延没关系；或者自认为这件事不重要，拖拖不要紧；甚或压根就忘了这件事，都有可能。结果呢，时有感觉不被信任、不被重视或者不被重用，还不知道为什么。等我自己当了领导，碰上了这样的事情，才深有体会，很是扼腕。

凡事都有个轻重缓急，我们每天都要处理很多事情，孰轻孰重应该有一个权衡、有一个安排。领导交办的事，并不一定就是最重要的事，比如突发的一些事件，比如家里的大事难事，还有急事都需要安排调整。但领导交办的事，不能不放在心上，虽然领导没有强调快办，那是需要你自己斟酌掂量的。我体会，在实际工作中，除非说明"不急"或"缓办"的事，其实都是需要立即就办的事，有人慢了点，我就着急了，其实不是我着急，是事情着急呀。现在退居二线，真的没有那么着急的事了。但是在一线，包括处长和主任科员等，都算在一线，许多事情是不能拖拉的。

在一次交流会上，一位机关的处长说了他的案例。他说："一次局长让我复印一张纸，我到了复印机前，一位大姐过来要复印，我就让大姐先复印，大姐的材料有 100 多页，我就在旁边等着，10 分钟过去了，大姐的材料还没有复印完，我还在等，这时候局长的电话来了：'你把我的那张纸丢哪儿去了！'坏了！我马上意识到我错了。一张纸我到隔壁一分钟也复印了，到楼下 3 分钟也复印了，怎么能在这儿死等呢！看来我的拖拉是执行力不强的问题。是局长性子急吗？不是，是事情本身很急，连复印这么一个小事都做不好，还要说别的吗？"

我交代复印材料的活儿，即使有困难，应该可以在一两天之内做好，怎么能给忘了呢？即使不是领导交办的事，也要尽快完成办好并给予回复。更重要的是，通过办好他人交办的事，不拖拉延误，养成良好的品格习惯，树立良好的品格形象，这和领导没什么关系。除非你是故意的。

拖拉误事，不仅是误了他人的事，更要紧的是误了自己的事。

36 "忌" 之五

当场声辩

不服管理的错误表达。

　　我用"声辩"，而不是"申辩"，意思是说当场发出声音和不发出声音是不一样的，如果你写个纸条或者采用巧妙的方法给予说明或者申辩也未尝不可。如果你是有所准备，故意要当场声辩，那就另当别论了。

　　一次，我们通知第二天召开全司重要会议，结果有一位干部迟到了十几分钟，我当即批评他："重要的会议怎么能迟到！"他当即声辩："公交车出了故障，路上又堵，本来应该不会迟到的。"看到他自感委屈的神情，我的批评更严厉了："不管什么原因都不能迟到！你不要声辩。"结果很影响会议气氛。

　　但凡当场声辩，通常都有一些原因，有时还很有道理，但通常都处理不好。关于迟到，堵车是一个原因，但如果会议重要的话，堵车就不是理由，应该打出充足的提前量。至少事先应该报告一下，受到批评，应该首先表示歉意，有特殊原因可以会下说明。

　　这让我想起 40 年前的一件事。一天我和一位同学相伴上学，感觉时间有点紧，我那位同学戴有一块手表，他说出门前刚对了中央人民广播电台的滴滴报时，应该没有问题。紧走慢走，我们刚进了校门，上课铃声响了，等我们推开教室的门，老师已经开始讲课了。老师对我们说："迟到了，你们就站到后面去。"我那位同学当场声辩说："我们没有迟到，我的表是北京时间，是上课铃早打了一分钟！"老师更生气了："迟到就是迟到，还狡辩什么！站到后面去！"

站了一节课，站是站了，心里还是不服，总认为我们自己不算迟到，上课铃没按北京时间响。事后老师跟我们讲了道理："打上课铃可能有点误差，但打铃上课是全校的规矩，这是大道理，你们按你们的时间迟到了，这是小道理，小道理要服从大道理。如果大家都按自己的道理，学习秩序不就乱了吗？况且早自习你们也是应该早来的呀。"我们接受了老师的批评，承认了错误，吸取了教训。

有人会说，如果严格按北京时间打铃，我们就不算迟到了，还是校方犯错在先，不应责备我们。想想当年的条件，打铃的时间有点误差是难以避免的。即使到了今天，也不能保证那么准时，迟到了也不至于会被罚到后面站，但迟到的原因能成为当场声辩的理由吗？

有些人就事论事，认为只要有理由，就可以当场声辩。但不知道想过没有，原因和理由与当场声辩不是一回事。当场声辩的本质是不服管理，而不是有没有道理。道理有大有小，小道理要服从大道理。潜意识中的不服管理就会在有一点所谓的理由时表现出来，除非你是有意要表达这种情绪，否则就没有道理，还可能导致问题升级矛盾激化。迟到可能有理由，或许很值得，但没有事先告知，有错在先，那就该接受批评。当然特殊原因或许还会受到嘉许，但它和当场声辩不是一回事。这样的后果于己于人于事都是弊大利小，甚至产生严重后果。

行政机关有一条很重要的规则，就是层级管理。这是行政有序高效的保证，没有这一条，机关就乱了套了，对于上级在公开场合的批评，不能当场声辩，这是机关纪律的要求。如果批评不当，也是采用事后协调弥补的方法，机关思想政治工作就是解决这些问题的。

有人当场声辩只想解释说明，语气没有那么硬，这时候我都会马上制止他："不解释，不要解释。"为什么，这是我自己的经验教训，除非让你解释，否则你的解释没有意义。批评你迟到，就是批评你迟到，影响会议就有错，有什么理由或功劳下来再说，不是一回事。如果领导劈头盖脸地训一顿，当场声辩的效果就更不好，把本来的迟到批评变成了对立矛盾，恐怕有违初衷，也会影响会议效果。除非你是想借机发泄，否则不要当场声辩。首先，没有遵守会议纪律影响会议理当受批评，如果事先打了招呼就情有可原。如果你真有重要原因，那也用不着当场声辩，事后说明就好。当场声辩表现出心胸狭隘，说到底还是不服管理的心理作祟，不服管理就不是小问题了。

又有一次全司开会，一位青年干部迟到了十几分钟，我照例批评了两句，他点头表示接受。过后我问他，才知道早上他送父亲急诊，到了医院做了安顿，马上就赶来开会，开完会还要赶去医院。亲人病重是大事，他完全可以不来开会，发个短信就行，但他还是顾全大局，还接受了我的批评。我由此对他更加信任，也会注意以后批评的方式，他没有当场声辩，是一个成熟青年和优秀公务员的良好风范。

对于批评者来说，把握好批评的分寸至关重要。这里也有一个小道理和大道理的问题，为批评而批评于事无补，动机不纯更是害人害己。对于被批评者，可能事出有因，甚或理由充足，但当场的错误恐怕交代不过去，至于你当场声辩不声辩，也算是对你聪明智慧的一个小小的考验吧。

36 "忌" 之六

不上问

学习型干部没有这一条。

我当科员的时候，很怕见领导，更不会主动去请教领导。是不敢，还是不愿？是不屑，还是没说的？可能都有，反正是敬而远之。一次领导让我代表机关到系统的大会上发言，我用心写了一个发言稿，觉得挺美，也没有征求同事和领导的意见，甚至还不想让领导指正，怕把我认为精彩的内容给否定了。会后，领导找我谈话，在基本肯定我发言的同时，还指出了我发言的一些问题，还是一些比较重要的遗漏。领导告诉我，如果想让自己的发言精彩，务必在发言之前听听大家的意见。自我感觉是一回事，不请教还真有问题。由此，我记住了这个教训。

上，上级领导也。孔子说"不耻下问"，我们也经常说向群众学习，但就是没有说向上级学习，只提"下问"不说"上问"，这是一个很重要的遗漏。可能也是一个玄机吧，这里的学问年轻人怎么能轻易知道呢。在我们的机关文化中，也有一些不明确的规则，机关里讲究层级管理尊卑有序。作为下级，作为青年，不是你随便可以向上级领导发问的。可是在机关里，对青年人来说，大多数人都是你的上级或长辈，他们的知识经验包括做人之道都有值得你学习的地方，如果你不能经常地

"上问"，那就不知要失去多少学习和提高的机会。不上问是机关青年进步不快的重要原因之一。

对一些不善于请教的青年干部，我就经常鼓励他们向我发问。一次，一位年轻干部对我说："您让我见到您就要给您提一个问题，您对其他人也这么要求吗？"我说："我看你不太主动请教人，所以才鼓励你提问。你问我的这个问题，是在我的要求下问我的，其他的人是主动问我的。一个被动，一个主动，能一样吗？"他说"我明白了，谢谢您！"就走了。

他明白了吗？我看他没有明白，因为以后见到我，他没有再问我了，也没有请教我的意思。当然我也不会再主动跟他说什么了。可另外有的青年，经常都会向我发问或者说请教领导，几年下来，他们之间的差别就显而易见了。

不上问是机关青年普遍存在的一个问题。至于原因各有不同。有的青年是不敢接近领导，恐怕有所失误受到批评；有的青年不是不敢请教领导，而是不屑请教领导，自恃才高，耻于上问；还有的青年不求上进，也不善思考，基本提不出什么问题；也有的是看到领导板着个面孔，自然也就敬而远之了。

我们的机关，都应该是学习型的组织。所谓学习型组织，就是其中的每一位成员也都是学习型的人。如果作为个人不善于学习，整个组织能叫做学习型组织吗？我们每个人的生存能力和发展能力，很大程度上取决于我们的学习能力，正所谓活到老学到老。那么我们向谁学、怎么学，可能很多人没有好好想过。我们说的最多的就是向书本学、向实践学、向群众学，这些都没有错。可是你想过没有，我们每天接触最多的，就是我们的同事、我们的领导。而他们就是一本活的教科书，就是活的实践，他们身上积累着大量从书本和实践中得来的东西，都是很宝贵的财富，所谓"听君一席话，胜读十年书"。近在眼前的"富矿"怎么就视而不见呢？所以在向书本学、向实践学、向群众学之外，还要倡导向同事学、向领导学。学习是时时处处的事，如果局限在几种形式里，那可就要误大事了。我想这恐怕就是学习型青年和非学习型青年的区别吧。

一次，司里要进行年终总结，每位干部都要述职，一位青年干部问我怎么能讲好，我建议他把自己的发言稿征求他的同事和领导意见，结果反响很好。且不说各位领导和同事会提出中肯的意见，光是主动征求意见这一条，就得到大家内心深处的认同了，这比内容重要得多。在征求意见不是"规定动作"即不是必须程序的情况下，主动请教和征求意见就愈显可贵。如果能和工作联系起来，并把握好请教的时机，那就更好了。

有一个青年跟我说，那次他在办公楼一进电梯，单独和部长来了个面对面，一时无措紧张得很。领导说"你好！"，他说"您好！"再没有话了，不知道该怎么办，也不知说些什么，很是尴尬。我问他，难道没想过会遇见部长吗？或会遇见司长处长等其他领导？看来还是没有准备，准备什么呢？准备随时学习，本来是请教领导的好机会，因为没有学习的意识，就错过很好的机会，但有的人善于学习还会想办法创造这样的机会。

我们在工作时间，都有和上级领导相处的机会，能否善于虚心地请教他们，决定了一个青年发展和进步的快慢。但凡领导，都有一些自己独特的优点和长处，通常不是年轻人表面上看到的那一些。作为晚辈和下属，如果能接近领导，讨教一些真学问，学到一些真本事，真所谓"近水楼台先得月"，这和讨好奉承根本不是一回事。放着和优秀上级接近的机会而不请教不学习，岂不太可惜了?!

36 "忌" 之七
越级行事

如果你被越级了，就知道越级行事的弊害。

　　小刘跟我说，他写了一篇对全局工作思考的文章，想直接送给局长看。我问他为什么不先送给处长看呢，他说处长可能不会欣赏他，如果被否定了就不好再送局长了。我认为这样做有问题。小刘怕处长否定他，就想越过处长直接寻找上一级领导的支持。如果他越过了处长，将会出现什么情景呢？就算局长赞赏他的文章，批给处长，或告诉处长，处长会怎么看这件事，又会怎么处理他们之间的关系呢？一般来说结果都不很好，即使处长不计较，但越级行事违反了机关行为的规则，必然加深相互间的不信任，不利于建立正常的上下级关系，也会影响青年干部的成长，这是一些青年干部容易出现的行为现象。

　　还有一种越级行事，是上对下的。小赵是主任科员，接到局长电话，要他到局长那儿去，他就去见了局长。原来局长要准备一个讲话，想当面跟小赵说说构思，让小赵执笔起草。回到办公室，小赵如实跟处长说了，就写讲话稿去了。如果局长事先和处长打过招呼了，应该没有问题，如果没有打招呼，处长的心里会怎么想？上级领导反向越级，也是越级行事，同样是破坏了机关的规则秩序。既然领导带了头，那可以断定这样的机关是不太讲规则的，上下级关系也不正常，不是好的机关文化。

越级行事的问题，跟个人的好恶和意愿没有关系。如果我们明白了政府机关的性质，就知道为什么不能越级行事。政府机关是依照国家法律设立的，在行使国家行政权利的过程中管理国家行政事务和社会公共事务，有一套明确的目标分工和工作程序，各个层级各个职位组成庞大复杂、分权管理的体系。如果各层级的职责不清，范围不清，直接影响行政的效率。越过某个层级，意味着这个层级的多余，就打乱了正常的秩序，必然带来管理的混乱。科长越过了处长，局长无视处长的存在，那要这个处长做什么呢？说明这里的管理有了问题，首先是领导有了问题。有的领导喜欢一竿子插到底，在个别场合和特殊情况下未尝不可，但在政府机关日常工作中是为一害。

小刘跟我说，局长经常经过办公室就直接叫他跟上一块走，处长看在眼里。小刘问我怎么办，我认为一方面小刘要及时向处长报告，一方面要适时提醒局长注意，否则于公于私都是弊大于利。

为了在更高领导那儿得到一点信任和重用，越过自己的领导去建立关系，主要的原因还是功利思想在作怪。越级行事可能会给有些人带来实用的功利，但风险也是非常大的。在机关里，你应该履职尽责按规矩办，还是跟人入圈搞投机呢？我们从许多官场腐败的案例中可以看到，越级跟人、不讲规则往往是错误的开始。

越级行事本身不很复杂，但要妥善处理也不容易。有一个青年说："我想了半天，我要向我的直接领导报告，我得跟他说清楚，不要让他怀疑，同时要把事情共同来做好。"这样就变成他和他的直接领导一起来做，这也算一种办法。

功利思想带来无意识的越级现象，违背了我们机关工作的规则，后果通常是不好的。及时的沟通、报告和解释，可以把问题和错误减少到最小。

36 "忌" 之八

逆反逞能

干部不成熟难免，机关不成熟难办。

那是 40 年前我在兵团的时候，我们班在一个果园里干活。正干着的时候，团参谋长来到果园，看着我们随口就说了几句我们做得不对的地方。我没有多想，只想着顶撞他："我们怎么做得不对？我看没问题！"参谋长倒没有说什么就走了，但我期待的同伴们的赞赏并没有出现。倒是有人问我："你是怎么了？脾气这么大，参谋长没什么错呀！"

事过之后我也懊恼，本来只想在同伴面前逞能一下表现自己，根本没有想过自己这样做对不对，也没有考虑这样做的后果。参谋长本人宽宏大量，没有记恨我。不久我调离兵团，他还主动和我联系，表示关心，让我心里很长时间不是滋味。

逆反逞能经常是没有道理的，大多是青春期不成熟的后遗症，或想发泄自己的某种情绪，或想向同伴展示自己的"胆量"，不考虑对不对，只想着敢不敢。我年轻时的那种表现，实际是想在同伴们面前有所表现。这样的逆反逞能属于没有正确地认识自己。可能是有的人长期不被注意，就找一些不恰当的场合去表现自己，为在同事面前显摆逞强而做出非理智的行为。而这种行为并不能得到同事们的赞赏，因为根本用不着你这么做。这种非理性的、对上级的无理冒犯，破坏了工作秩序，对领导、对同事、对自己都没有益处，一般来讲后果都很严重。

现在，我成了老人了，在一些场合看到有些青年干部，无端顶撞领导或发表偏激言辞，不管自己对不对，更多的是为了引起注意，为了表现自己而逆反逞能。我心里多少有点感到好笑，同时也为他们着急。青春叛逆谁都有过，它是一种成长，可以理解。但是思想不成熟对机关工作人员来说可不是个小缺点。有的人到了40、50岁还时有表露，个人的提高和进步就很困难了。

机关里的层级管理是机关正常秩序的保证。没有规矩不成方圆，古今中外都讲这个规矩——下级服从上级。有意见通过许多方法和途径都可以表达，顶撞上级的轻率举动，直接破坏了机关工作的规则，也损害了自己的形象。

应该怎么办呢？我想一要摆正位置，认识自己，搞清楚我是谁；二是要知错就改。顶撞没关系，但是意识到错误要马上纠正。因为这些都是可以原谅的，没有什么对错，逆反逞能而已。

告别青涩的过去，走向成熟的未来。

36 "忌" 之九

触犯逆鳞

尊重底线，互利共赢。

　　有一天，办公室的小王和小李吵了起来，怎么回事呢？原来小李接到领导电话急用一份材料，材料在小王那儿，小王小李的桌子是挨着的，小李就拉开小王的抽屉，找到材料给领导送去了。小王回来以后不干了。小王说："谁让你动我的抽屉了?!"小李说："领导着急要，我知道在你抽屉里，找到交上去有什么错？"小王说："我告诉你，我的抽屉不许任何人动，要动必须跟我打招呼！"相处一年多，小李还不知道小王有这个"逆鳞"。就因为这么一件小事，闹得两个人一段时间很不愉快。

　　"逆鳞"是龙的喉部下方有一块一尺见方逆向的鳞，这地方你别碰它，你要碰了它就要跟你玩命。当然这只是一种传说，但用到机关里，处理人际关系倒是很贴切的。如果你注意一下，会发现每个人都有自己的"逆鳞"，那就是轻易不让别人碰的东西。逆鳞大致可以分两类，一类以物质为主，一类以精神为主。每个人都不一样，但是一定都有轻重缓急。比如偏重物质的，他的财物你动他一分都跟你没完。虽然在人际交往中大家都会克制和掩饰，但一碰上逆鳞的时候就能表现出来。有的人是看重精神方面的，比如说名誉，你要损他一点他都坚决不让，如家庭名誉、人格尊严等等，重精神的往往不重物质。

"逆鳞"实质上是价值观的反映。价值观有重精神的，也有重物质的，不同的价值观就有不同的"逆鳞"。不同的价值观之间差别很大，除了法规纪律以外的，都没有根本的利害冲突，都需要我们内部协调和彼此尊重，我们不能不重视。

小李再急也应该给小王打电话说一声，得到许可就不会有问题。可是小李不知道这一点，他以为自己的抽屉不在乎别人动，别人的抽屉也一样，这就是小李的问题了。无论如何给小王打个电话那是应该的，特别是在不了解人家"逆鳞"的情况下。所以，我们经常不明底细，经常触犯他人的"逆鳞"，甚或哪壶不开提哪壶，常常弄得关系紧张还不甚了了，造成不良后果。

如果和工作无关，触犯就触犯了，这和机关工作有什么关系呢？我们知道，政府机关不是关起门来只跟自己打交道的机构，政府机关要跟所有的机构部门和不同的人群打交道，而且要争取团结所有能团结的人，协调全社会的力量一起办事。不同的组织和不一样的人都有不同的利益诉求，如果我们的工作人员不知道这一点，不清楚各自的"逆鳞"，怎么可能做好工作呢？只要是不危害公共利益的"逆鳞"，我们都予尊重，也都能包容。只有这样，才能团结尽可能多的人，才能尽到协调各方的职责。

其实有许多禁忌，包括宗教信仰、民族习惯的东西，以及我们的老规矩、老说法等等，都是我们要注意的。你认为无所谓，人家就有所谓！如何了解和对待"逆鳞"，不是个人的好恶，从机关的职责要求来看待和处理，就好理解了。

不触犯"逆鳞"不是我们害怕什么，它的实质是我们对他人的理解和尊重。在不矛盾的情况下，充分尊重他人的核心利益。即使双方利益冲突，也要充分考虑权衡触犯"逆鳞"的得失利弊，不能轻易对待轻率行为。小到一个组织，大到一个国家，都有自己的"逆鳞"，不知道这一点，就会犯傻犯错误。有些人和团体甚至不断以触犯"逆鳞"突破底线挑衅闹事，实际是很不理智、很愚蠢的。

人和人行为的不同，最根本的还是价值观的不同。就像工作中都在做同样的事，尽管目标一样，但不同的人由于理念不同会导致最后的方向和结果不同，但并不妨碍不同的人合作共事。相互尊重和包容，即我们所说的"和而不同。"

我发现有些人就有探识"逆鳞"的本事，你看他只用几句话就把你的底线摸到了，和你交往其乐融融，通常可以实现合作共赢。我们何不学习一些好的思想和方法，提高自己了解他人尊重他人的自觉和能力呢？

36 "忌" 之十
皱眉苦脸

没有人待见皱眉苦脸。

　　我问小刘："你有什么发愁的事吗？"她说："没有呀。"我说："那我怎么常见你皱个眉头呢？"小刘疑惑："是吗？我不觉得呀！"我说："我以为你有多少发愁的事呢！"小刘说："我自己从来没注意过，也没人跟我说过呀，我会注意的，谢谢您！"

　　我在这儿用的是皱眉，而不是愁眉，是想说本无发愁事，无端皱眉头。我年轻的时候，就经常皱眉头，但是自己不知道，偶尔家人提醒一下，自己也觉得这不算什么毛病，久而久之，真有了眉头纹，甚或一脸苦相人不待见。大概过了 50 岁以后，有一次，一位干部对我说："哎呀，您今天真灿烂呀！"我说："怎么了？我平常不灿烂吗？"说开了，大家都说我经常板着一个脸，大伙都不敢其实是都不愿和我多说话。这一次对我的触动很深，原来我在大家的眼里是这么一个形象！其实，我很想用自己的善意换来大家的真诚，没想到由于自己的皱眉苦脸扭曲了在别人心中的形象。

　　辛弃疾有一首词："少年不识愁滋味，爱上层楼。爱上层楼，为赋新词强说愁。而今识尽愁滋味，欲说还休。欲说还休，却道天凉好个秋。"年轻时不知道自己实际是个什么表情，也不知道应该是个什么形象，现在知道了，越感到这个不叫事的事还真不是小事。现在我看到机关里一些干部皱眉苦脸，就想起我自己当年的情景，就想提醒他们注意一下。

这和机关工作有什么关系吗？如果让不同行业的人组成队伍举行入场式，有人调侃公务员队伍是"严肃拘谨、皱眉苦脸"，虽然有点夸张，但确实有这个问题。由于机关文化环境的原因，不少干部比较严肃和拘谨。但作为一种社会形象，就不是什么好的现象了。作为政府机关的公务员，个人的形象关系着整体的形象，平常的表情无论主观还是客观都会有所影响。应该始终是一种积极开放的心态，是颜正面和、心平气和的，即所谓有亲和力，才能有效地开展各项工作。这不是你个人高兴不高兴的问题，你的机构和职责有要求，要求你和各种人都能交流，而你代表的是机关的形象，即使你今天真不高兴，也要换一种心情，和颜悦色地去面对一切，不能皱眉苦脸。这关乎个人和机关的形象，也会影响机关的文化和工作的氛围。

这些年，我比较注意了这一点，尽可能提醒自己不要皱眉苦脸，更不能"懒得搭理你"。这些都不好，会给自己的工作和成长带来不利的影响。通过展开眉头、放开胸怀，可以发现别人的许多优点，并能慢慢感受到周围给你的正面反馈。这样形成良性循环，感觉会越来越好，也就不会皱眉苦脸，能更好地处理人际关系，能帮助你更好地做好你的工作。

还有一种"皱眉苦脸"，是有些当了领导的人，喜欢板着个脸，对下属非常严肃、不苟言笑，而且很不自然。他可能以为领导就得是这种样子，其实在大家眼里十分可笑；还有的干部颐指气使，总要有人伺候着才满意；有的说话打着官腔、哼哈摆谱，实在让人忍俊不禁。这种行为反映出来的是人生观、价值观的错位，忘了公职人员的权利是人民赋予的，不知道自己的形象其实并不美，也直接损害了政府机关的形象。所以领导同志尤其要注意自己的表情，注意对下级的心情，因为它会影响整个机关和团队的文化和氛围，需要引起我们的注意。

最后，我把邓丽君的一首歌送给大家："别把眉儿皱，嘿！我的朋友，展露你的笑容，请你别再把那眉儿皱，跟我一起走，奔向海阔天空。甜甜蜜蜜在你心里头，没有什么烦恼，没有什么忧愁，快快乐乐在你心里头。"

36 "忌" 之十一

低头含胸

做个有出息的公家人。

有一次，我经过一个大办公室，看到一位干部弓着背弯着腰坐在电脑前。侧身影像投映在窗框里，剪影效果惨不忍睹。我当下就过去，原来是因为电脑桌偏低，她没有把电脑垫高造成的。我立即建议大家都把电脑垫高，直至屏幕的中心和坐着时的眼睛平齐，再看我们干部的身姿，马上就亭亭玉立、朝气蓬勃了。

这种"低头含胸"是客观条件不好主观又不注意造成的。它的危害首先是对身体有损。每天这样在电脑前待上几个小时，长此以往脊柱就会变形。其次是让个人形象严重受损，本是风华正茂的年轻人，真还不如精神的老头老太太。

还有一种"低头含胸"和客观环境没有关系。有些青年就是抬不起头来，胸也是含着，好像老想躲着人似的，女青年会多一些。是害羞？是不自信？回想起来我自己年轻的时候，应该就有这个毛病，总觉得抬不起头来，不愿意正视对方。这可能是缺乏人生的自信，可能是缺乏应对困难的经验，可能是缺乏生活的磨练，没能得到及时的锻炼和改进，自我苦恼了很长时间，很影响自己的情绪和形象。难怪那时单位的书记对我说：

"我看你怎么没有朝气！"我很诧异，我心怀理想、满腔热血怎么会没有朝气呢？书记说："你说说你的朝气给我听听？"是啊，我说不出我有朝气的行为和表现。由此我开始注意起来，从表情和姿势开始，到开会争取发言，还有墙报投稿和积极参加团的活动等等，让我开始有了转变。不是领导提醒自己还真不觉悟呢。慢慢地经历多了逐渐成熟了，才克服了这个毛病。

机关的形象是由一个个工作人员的形象组成的，它应该是积极主动地去面对一切。这里既有对形象的要求，也有对能力的要求。"低头含胸"就不是我们的形象，也不符合机关的要求，不利于干部的成长和发展。其间我还发现人们普遍有一种悖反的心理认知，就是在才能上对自己估计偏高，而在相貌上对自己评价偏低。原因是比照的对象不恰当——在才能上，许多人都跟较差的比，"你看谁谁谁能力不如我，职务却比我高"；而在相貌上，却喜欢和明星比，越比越不自信、越不满意。由于内心的参照物不同，衡量的标准和对象有偏颇。所以，我认为"低头含胸"跟自卑心理有关。

有个流传很久的故事，说是小镇上有一个叫露茜的姑娘，总觉得自己长得不好看。有一天，她买到一个美丽的发卡，对着镜子戴上觉得自己很漂亮，于是她就戴着出门了。果然，沿途的许多人都跟她打招呼，都夸赞她漂亮。露茜非常开心。等她转了一圈回到家里，却发现那个发夹还在门口地上，原来她并没有戴着发卡。可为什么今天大家都夸她好看呢？原来，她平时老是低着头，今天她把头抬了起来，挺起了胸，充满了自信。当她的内心对自己有了积极的认定后，她的抬头挺胸就会得到大家的赞许。外表行为的作用这么大，一点都没有夸张。

假如国家机关的工作人员，一个个都低头含胸，那还像是国家机关吗？所以抬头挺胸不但对你的身心产生影响，也是机关文化和机关形象对公务人员的要求。当我看到我们的干部一个个端庄而坐、形态有姿，加上精神饱满、精明能干，真有国家机关公务员的那个精气神，自豪感油然而生，就应该是这个样子。

有人说现在全国几亿人都在低着头，怎么了？原来都在看手机，算问题吗？多了久了一定是问题。

36 "忌" 之十二
低声细语

发言讲话都惜力，尽力服务难指望。

　　我主持一些研讨会或座谈会。二三十个人的会场不大，但有的人发言声音很低，我听着很费劲，就提醒他："能大声点吗？"他提高了一些，但是还是很低，我会再请他提高音量，确保大家都能听清楚。我认为在一个不是很大的场所，讲话的人不用麦克风也应该足以让大家听清楚他所说的话。

　　我年轻的时候，说话就是低声细语的，声音不洪亮，更不会大声喊叫，以为那是不文明不礼貌的行为。等到在机关里工作时间长了，才体会到低声细语有不少问题。在机关里说话或发言，低声细语和大声粗嗓都是不适合的。大声粗嗓就是平常人们说的"大嗓门"，音量过大无所顾忌，客观上给听者带来了一定的压力和骚扰，可以说是一种不礼貌的行为，这样的人在机关里很少。倒是我发现机关里有不少低声细语的人，主要是在一些场合讲话发言的音量太小。有些人受日常私下说话习惯的影响，上了会还是那个音量；有的人以为自己听到了别人就能听到，不以为错；还有的人就不想使劲，提高音量还是个力气活，凑合说了就行了。有的人跟我解释，说自己嗓子细，就这么大音量高不了，我问他如果喊"救火""救命"能大声吗？

他说那当然能大声，这又不是救火救命。由此我们至少可以确定一点，就是大声说话是可以做到的，就看你愿意不愿意大声了，这是惜力的一种表现，其实是不尊重人的。

言为心声，你如果要表达你的思想，一个明确的思想，就要用心地说出来，不但要让人听清楚，还要用心用力气。为什么？作为政府机关，有一项很重要的工作，就是要具备社会动员的号召能力。我们的每一个公务人员，都是宣传员，都要面对大众进行积极倡导有效表达。低声细语不但听众接收有问题，更显得没有力量、没有号召力，工作效果就会受到影响，形象也会受到影响。这不是你愿意不愿意的事，而是机关工作职责对我们的要求。

那次我在学校时被选为班长，辅导员让我在全班同学面前讲话，我紧张极了，喃喃了一句连我自己都不知道说的是什么，根本就不配当班长。课后辅导员把我留了下来，对我说："明天全校集合，你要带队，如果喊不出口令怎么带队呀！"当天就逼着我练习大声说话直到能喊出口令，那天我感觉自己换了一个人。

在机关里讲话和发言，音量能否到位，其实关系你是否尊重人。话语无力舍不得用力气，不考虑人家能否听清楚，其实是不考虑对方的感受，就是没有充分尊重对方。换位思考，别人跟你讲话有气无力，你是什么感觉？讲话清晰、音量适度，是机关干部必须具备的能力，也是一门需要反复练习的艺术。

无论平时还是到了紧要关头，都要能够善于倡导、号召有力。这是当好公务员的基本功，更是领导干部必备的基本素质和能力。体质和生理原因造成的低声细语，也要通过经常的练习不断提高音量。

我现在发言讲话，都很用气力，在没有麦克风的条件下，要让在场的人都能听清楚。更重要的是，在控制音量的同时，要使出力气表示对大家的一种尊重，通过语言的逻辑重音和感情重音表情达意，让思想更有力量，起到宣传和倡导的作用。

36 "忌" 之十三

唯唯诺诺

因为本人看不见，所以需要提醒他。

机关里的唯唯诺诺，一个是表现在形体上，一个是表现在语言上。形体上表现为卑躬屈膝、点头哈腰；语言上表现为说话时"是是是"、"对对对"。唯唯诺诺一般是职务低的人对职务高的人一种奴颜婢膝的样子。唯唯诺诺的表现者自己看不到自己的样子，尽管周围人不太舒服，也不会轻易提醒指正，行为者本人不以为错，值得提出来提醒注意。

唯唯诺诺的错误，主要是没有正确认识机关中人与人的关系。有的人把机关里上下级的关系误解为主仆关系。受封建思想的影响，以为奴颜婢膝能讨得领导喜欢，就像清宫戏泛滥流行的那种文化，下级成了下人，必须唯唯诺诺。其实不用说现代人，即使回到几千年前，中国传统文化也不认同唯唯诺诺，更何况我们现在讲求人格尊严。机关里职务有高低、能力有强弱，但人格上是没有尊卑的。思想上的唯上唯官，行为上就容易唯唯诺诺，在不自重的同时，也是一种对上的不尊重。从形象上看，腰腿直不起来非常不雅观，有损形象。一味"是是是"、"对对对"，嘴上说的和心里想的未必是一回事。遇上喜欢奉迎溜须的领导，就会助长领导的错觉，甚或造成决策的失误，直接影响到机关工作的作风与效率。有人误把唯唯诺诺认为是谦虚谦恭的表现，故意屈膝哈腰、表示谦卑。就像京剧《法门寺》里的贾桂，"站惯了"，让他坐都不敢坐，这和封建思想文化的影响有关。有些领导对下属的唯唯诺诺默许接受不予指正，以为自己就是当官做老爷，也会助长了这一不良行为的产生。

我们知道，政府机关的层级管理，讲求下级服从上级，这是纪律也是规则。但机关里的公务员，都是国家公务人员，都是服务社会、服务人民的公仆，在机关里是没有主仆关系和人身依附关系。有人叫领导"老板"，也是一种对机关里上下级关系的误解，还有人把领导叫"老大"，没有按照政府工作的职责摆正相互之间的关系，把自己和他人置于不平等的关系里，变成了人身雇佣关系和依附关系。

唯唯诺诺损害了个人形象，也损害了机关形象。只有在不良的机关文化环境里，才会看到这种现象。唯唯诺诺也往往会助长反面的一种行为现象，那就是趾高气扬、颐指气使。看上去不是大毛病，但不免让人产生质疑，唯唯诺诺的干部能担当吗？这样的机关能公平办事吗？

如果我看到有人在我面前表现得唯唯诺诺的样子，我都会直截了当地提醒他不要这样行为，提醒他不说"是是是"，不屈膝哈腰。因为在外人看来，看见唯唯诺诺的现象，不但会对行为本人看不起，就连唯唯诺诺的对象人都一块儿小看了、蔑视了。机关工作人员待己待人要注意自重、得体和尊重，这也是优秀机关文化的题中应有之义。

36 "忌" 之十四

时髦打扮

时髦打扮无可厚非，只是选错了地方。

机关行为 36 "忌"

　　小冯新入职来见我，她一身时髦打扮，涂着口红、戴着耳环，穿着名牌时装，头发还遮住了半边脸，就像朱德庸漫画里涩女郎的模样。我跟她说："机关里是不能这样打扮的。"她问："为什么呀？"我说："你看见过这里有谁这么打扮的？"她说："漂亮一点不好吗？"我说："这不是漂亮不漂亮的问题，机关里是不能时髦打扮的。"她马上回去换了一身，结果穿了一身牛仔服："穿这个行吧？"我先不说行不行，我告诉她，要想知道自己的着装在机关里适合不适合，有一个简单的办法，就是想像有 100 个这样的你站成一排，如果你觉得合适，那就行。你想100 个穿牛仔服的人站在一排，这像是政府机关的工作人员吗？她也认为不像。牛仔服牛仔服，已经说明是牛仔穿的嘛，尽管现在年轻人穿的也不少，但在机关里不适合。

　　穿着在机关里有什么讲究呢？其实很简单，只要能被绝大多数人接受的就行。机关里穿工装可以吗？不合适，因为政府机关不是工厂。公务员穿对襟袄农民装也不合适。有青年喜欢穿学生装，结果穿了半年多，连自己都觉得自己不像个机关干部。

因为政府机关不是某一个阶层或团体的代表，也不是某一种文化的代表，政府机关代表的是最广大人民的利益，代表着占人口最大多数的主流文化，所以穿着上就不能偏离主流。在伊斯兰国家，机关工作人员穿着穆斯林服装就可以，因为绝大多数人都是穆斯林。我们的西藏自治区的政府机关，藏族干部穿着藏服，女干部戴手镯、耳钉也是可以的。也就是说，一个地区的政府机关工作人员的穿着，应该被它所服务的社会的绝大多数人所接受，这是由机关的性质决定的，关系到政府机关的形象。所以从单位的性质职责来要求和规范工作人员的穿着，绝不是简单的个人的事。天热的时候，机关里有的人爱穿圆领衫。圆领衫能穿吗？还是那个方法，机关里站着一排穿圆领衫的，像个机关吗？可能有些太随便了吧。

这些年来，机关干部的穿着越来越随便，侧面反映出来的是对自身身份认同的困惑。通过这一现象，我们可以认为一些国家机关的工作人员已经把自己混同于社会上的普通民众了。所以有人在收入上跟社会上比，心里觉得不平衡；在穿着上和社会上比，觉得还不自由。比来比去，就是没有比机关的性质，忘记了政府机关的职责，忘记了自己应有的形象，在思想作风方面就会出现一些问题。个别人穿得不对，可能对机关影响不大，但多了就会影响机关的整体形象，也会影响个人的形象。现在机关里还有不少年轻人喜欢穿文化衫，穿文化衫也有问题吗？文化衫是街头文化的代表，也是市民文化的一种标志。我们包容街头文化，但不代表街头文化，所以机关里穿文化衫也是不合适的。

在机关里的穿着打扮，绝不是个人志趣爱好的问题。你在机关里能戴一个十字架徽章吗？不好。能佩挂一个佛像行吗？也不好。即使在中国，你佩一个"儒"字的徽章都不合适。因为政府机关不代表某一个团体、某一个组织、某一种文化，你戴得不合适，就会有人不认同。由此我想到了一点，就是政府很难有所谓的"铁杆粉丝"。所谓"铁杆"，就是你要完全符合这个阶层或团体的利益诉求，否则"铁"不起来。而我们政府是代表和团结全社会尽可能多的人群的，倒过来我们是广大人民群众的"铁杆粉丝"，怎么能只偏向某一特定人群或崇尚非主流的文化呢？

机关里有个别人打扮时髦，可能比较"养眼"，但因为不入主流，也对个人的发展和成长没有什么好处，这就是所谓的"花瓶效应"。还有一些机关工作人员过分打扮，干扰了正常的工作秩序，造成了不良的影响，这是我们在国外报道中曾经见到过的。还有个别人喜欢戴墨镜。如果在室外因为辐射厉害或健康原因戴墨镜无可厚非，但要在机关里戴墨镜，就很别扭，因为墨镜此时的功能是掩饰。要掩饰什么呢？政府机关是不能掩饰的，所以在机关里不能戴墨镜，就是这个道理。

机关里的穿着对错或优劣，只要和机关的职责规范一对照就能明白。包括机关建筑本身的装修和外表，如果过分了、怪异了、豪华了，用纳税人的钱显摆讲排场就是问题，这跟公务员的穿着是一个道理。

机关工作人员的穿着要得体、要大方，要与工作情景相符。遇有重要场合或主持或作大会发言，就要穿得正式一点，以示庄重和尊重。我不是礼仪专家，说不准确，但怪异的、时髦的、随便的都不合适。韩国是喜欢打扮、化妆的国度，但我在韩国看到他们的公务员也不过分打扮。女性公务员没有时髦打扮和过分装饰的，都很得体大方、整洁自然，我把它叫做"精心的自然"。我们的国家机关工作人员穿着就显得随便了些。

规范、得体的着装会让人产生信任感，也是富有职业精神的体现。有人认为自己在机关里不是领导干部，以为穿着上就可以随便一些、自由一些，殊不知自己的穿着其实已经给自己定了位了。你是边缘的穿着，就是边缘的意识，恐怕就是边缘的人。不及时认识和改进，就会一直边缘下去，这是实际经验已经告诉我们的。

当然，如果我们要到特定的地点或有特别的需要，穿着要符合工作的需要和特定的要求，就不能机械地对待了。

36 "忌" 之十五

伶牙俐齿

能说会道总有理，但不能在机关里。

在一次干部培训班上，班委会组织了一场辩论赛。就跟在大学开辩论会那样，摆开阵势，有辩题，有正方反方，还有一辩手二辩手等等。辩着辩着觉得有点问题，怎么没有了学校辩论的感觉了。会上让我点评，我提出了一个问题：为什么大学里的辩论赛放到机关里就不适合？青年干部搞辩论赛可能是想追忆大学的美好时光，或是想提高自己的思辨能力和口才，有什么不对吗？

我注意到辩论赛注重的是口才的表达，争辩结果的优劣通常与辩题观点的对错没有关系，围绕辩题正方反方互不相让，伶牙俐齿，谁的辩论能力强算谁赢，辩手一心只想压过对方，这不符合机关的职责和要求。平心而论，逻辑思维和口才表达确实是一个人的重要能力，通过参加辩论可以锻炼年轻人的思维和口才，展示个人风采，这对成长提高无疑是有益的。但个人的辩才对机关有什么意义呢？这就促使我们思考，政府机关需要伶牙俐齿吗？它又跟谁争强夺胜呢？如果我们知道了政府机关的性质，就知道要不要伶牙俐齿了。政府机关是整个社会的组织者，它要协调社会的方方面面，政府机关不存在和谁辩论和谁争输赢的问题，所以就用不着伶牙俐齿。虽然政府需要正方和反方，要最广泛地听取意见，民主决策、科学决策，但它不假设自己是正方或反方。它通过广开言路、集思广益、分析问题和解决问题，实现国家社会的政策稳定与健康发展。政府工作这一性质决定了机关工作不需要伶牙俐齿，或者说不要能说会道。

40 年前，我就听过一篇报道，说的是美国大学生模拟联合国大会组队搞辩论，不同的大学代表不同的国家组成辩论队伍，按照当时的热点话题展开辩论。这种活动输赢已不重要，青年参与国际政治的实践锻炼，给了政府和社会一个很好的参考和借鉴。但这不是政府行为，政府机关里是不会搞的。

我们在机关里有时能看到个别干部口才很好，堪称"雄辩家"，不管什么问题都是他有理，大家一般也都让着他。但机关里并不欢迎和赞许这样的干部，通常他个人的发展也会受到影响，因为机关工作需要的是理性、克制、协调和共赢。

有一点需要说明，什么人做什么事，什么年龄做什么事。伶牙俐齿可能可以帮助你进机关的门，但是未必能帮助你做好机关的人。一定要在合适的时间做合适的事，在合适的地点做合适的事。

实现共赢，是我们理解机关工作与伶牙俐齿关系的钥匙。

36 "忌" 之十六

视而不见

你的眼里没有我，我的心里没有你。

　　在机关的楼道里，迎面过来一位青年干部，我知道是一个机关的，但不熟，我想和他打个招呼示意一下，他却好像没有看见我一样，形同陌路。这是一种视而不见，叫做"眼里没人"。再比如，会议室里有一张椅子挡着路，本来顺手一挪就可以方便他人行走，但有人就是看不见，宁可绕过去也不动动手，这也是一种视而不见，叫"眼里没活"。还有一种，看着是在和我说话，但他心不在焉，眼睛不知往哪儿看，或是两眼茫然很无神，即使我心有不悦，他也毫无觉察，这也是一种视而不见，我叫它"没心没眼"。以上三种视而不见，是我年轻的时候都犯过的毛病，偶尔有人提醒了，也不以为然。很迟以后慢慢明白了，也没有办法补救了，只能当做教训讲。没有办法，不懂事就是不懂事，想说自己优秀实在不容易。

　　为什么会"视而不见"？主要是"没心"，视而不见的背后是心太小，心里只能装下一点小小的自己。心小了眼就小了，所以看见人就跟没看见一样，看见东西就跟没看见一样，或者看见了也不往心里去。我在机关里不时能见到这样的年轻人，由于不用心，所以举手投足总不到位，表现在交流协调能力方面的严重低能。照顾自己都做不好，要想关照周围、关照他人就更困难了。这些毛病如果没有人指出来的话，只能随着阅历丰富和经验增长，才会逐渐有所改进，所以及时提醒指出很有必要。可现在谁会跟你说这些呢？你自己一直不知道，有些毛病就一直背着，很影响干部个人的成长和发展。

视而不见在日常生活中很平常，怎么在机关里就是问题了呢？我这些年体会，作为政府机关，有一个很重要的职能，就是公共服务和社会管理。要做好政府工作，就要能够关注前后左右，照顾方方面面。作为政府工作人员，明白了这点职责要求，就会自觉要求自己做到眼里有人，眼里有活，能够关注周围，照顾左右，这是一个优秀公务人员应该做到也可以做到的。视而不见的行为表现，折射出来的可能就是失职失能的问题，不符合机关的行为规则。

有的领导也有这个问题。按说已经工作多年了，应该"眼里有人"了，但他见到你就跟没见到差不多，尤其是级别高的，好像可以不把级别低的干部放在眼里，遇到顺手之劳的活也不做，以为就该是下级的事，和下级谈话，目不相视，心不在焉，下属很尴尬，他本人好像还没有感觉。这样的领导也是视而不见，眼里没人，眼里没活，也很差劲。

视而不见是眼里没人，眼里没人是心里没人。你眼里没人，人家眼里也没有你，你心里没人，人家心里也没有你，一定是这个道理。视而不见不用心，学到的东西就不多，进步肯定就要慢，往往就会因为行为孤僻逐渐成为孤僻的人，在机关中的处境自然就好不了。

心里有人，就能眼里有人，就不会视而不见。

36 "忌" 之十七

说出格话

分清家庭的格、社会的格和机关的格。

  我年轻的时候，有一次跟一位青年干部一起，碰见我们的领导。领导对那位青年说："你前段时间请假回家，有人说你不是家里有事，你是去干另外的事了。"这位青年狠狠地说："谁说的，我宰了他！"当然领导不会告诉他是谁说的。过后领导见我还忘不了他说的那句话："他怎么这么说话！真要小心点。"这位青年干部说的就是出格话。一时气话不可能真宰了谁，但谁听了都会不舒服，而且真的会让人对这位青年的行为担心并关注。

  出格话有多种多样，比如说"狠话"："我整死你"；比如说"脏话"，包括国骂；比如"黄段子"，明知很多人反感还津津乐道；还有的比如政治笑话，不时也能听到；一些媒体爆出的公务人员的雷人雷语，都是出格话。一位丢失了身份证的市民给110打电话，双方发生争执，警方接线员说："你活该被偷。"接线员本人不一定是公务员，但被国家机构授权从事公务，就被视为国家工作人员，他说的也是出格话。还有一种是通过发声来表现，例如某地的一位救护车司机，在运送病重患者的途中放着音乐唱着歌，引起了家属的强烈抗议，这也算是出格话。

说出格话首先是思想认识上有问题，把自己的言行完全混同于社会上的一般人，不知道自己的言行受到机关规则的约束，关系着机关的整体形象；其次是不能够正确地认识事物的是非界限，以个人好恶判断是非，个人利益高于一切，只图个人说着痛快，不计行为的后果如何；还有就是言不由衷、口快于脑，嘴上说的未必就是心里真实的想法，信口开河造成错误；还有一个原因就是偏执，只想追求某种效果而不考虑它的后果，不顾左右、弄巧成拙，引起人们的误解和反感。而这些出格话大都是在无意识的情况下说的。如果想好了再说，先明白行为的后果和危害，一般就不会说出格话了。

政府机关作为社会的组织者和管理者，不是某一个自由团体，它代表着整个社会的规范，所有言谈举止都要接受社会的监督，自身的表率作用至关重要。政府机关的工作性质要求所有的语言文字表述必须准确和规范，来不得半点马虎和随意。任何一个工作人员的言论，都可以作为政府形象公示于众，必须是绝大多数人都能够接受和认同的，不能追求语出惊人的效果。出格话是思想出格的一种表现，有出格的思想就可能说出格的话、做出格的事，而政府工作是不允许出格的。因为它一旦出格，伤害的就是全社会。这是不能以个人的性格、习惯、偏好而论的，只跟机关职责有关。不合规范的出格话，都超出了一般人能够接受的范围，影响都不好。包括有的干部把领导叫成"老板""老大"等等，这也是出格话。这种说法把政府机关工作的关系说成了私人雇佣和人身依附关系，这种认识能保证工作上不出错吗？包括一些所谓幽默的话，也要注意，不是不可以说，但一定不能被误解，必须在内容上是事实，在态度上很认真，耍俏皮不可取。有人说政府机关的干部缺乏幽默感，这是没有办法的事，因为不能乱幽默。

说出格话损害说话人的形象，也损坏机关的形象，它会影响机关的正常工作，甚或导致严重的后果，这样的教训不胜枚举。所以，机关工作人员一定要注意自己的一言一行，因为你代表的不是你个人。

36 "忌" 之十八

变脸表情

如果你能看见自己变脸表情的话。

机关行为 36 "忌"

一位干部从领导办公室退出，面对着领导时满脸堆笑、点头哈腰，等门一关，回过头来马上就变了一张脸，瞬间表情全无，让我心里一惊：这脸也变得太快了吧，看来刚才他的笑脸是硬堆出来的，瞬间冷若冰霜。此人一下子给我留下了很恶劣的印象。其实我不止一次地见过其他人有过这样的表现，虽然许多人没有我列举的那个人那么夸张，但变脸的表情我们时有能见。

我们有时参加一些活动，能看到主办方在接待不同的客人时用不同的表情，如果略有差别可以理解，但同时同地当众变化区别很大，就会让人很不舒服。即便是你对我热情对他冷淡，也会让我怀疑你对我的诚意，就像一些餐厅迎接客人时高声喊叫的"热烈欢迎"一样，表情麻木、毫无真情，还不如不喊呢！

可能这是一种常见病，因为我在一些发达国家，也经常能看到这种情景。许多所谓的高级官员或者政治家，和你见面说话时都会露出很职业的微笑，表情略带夸张又有点僵硬，可能是出于礼貌吧，转过脸对其他人又是另外一种表情。有人自诩或很欣赏这种做派，国内也有人学得挺快，对此我实在不敢苟同。与人相见，礼貌是要的，微笑也是很好的，但如果不真诚，没有应有的尊重，职业表情弄巧成拙、适得其反。可能本人没有意识到自己这是戏剧化的表演，或者还很得意自己能够如此表演，但这嘴脸实在不好看。变脸表情虽然是外在的，但它反映出来的却是思想品格的问题。

作为政府机关工作人员，这种变脸表情是不可取的。政府机关面向社会、面向大众，公平规范、一视同仁，既不可以假装，也不可以变脸。而变脸表情就有假装的成分，情不由衷，言不由衷，通俗讲就是"两副嘴脸"，很损害个人的形象和机关的形象。

避免变脸表情，首先要从心理上加以改进。要真诚自然，与人为善，一视同仁、表里如一，不能势利，不抖机灵。俗话说面由心生，你的变脸表情道出了你的扭曲性格，感情不真，笑得再灿烂也是假的，因为不是发乎内心。不管你如何调动你的脸部肌肉，群众的眼睛是雪亮的。这种假装和不自然，都会影响我们与人的沟通和协调。真诚地对待所有的人，真善美的内心可以通过表情得以表达，并能和所有的人沟通对话，是我们机关干部应该知道和具备的一种能力，让我们从自己的内心开始，展示我们应有的表情吧。

36 "忌" 之十九

文稿露怯

"八股文" 你能鉴别吗?

　　小王到乡村体验式调研，回来后打印出了一份调查报告送给我，说是请我指正。我看了一下，问他："你这是给我的吗？"他说："是呀，我就是专门送给您的。"我说："报告没有抬头，就不好说是专门送给我的。"噢，还有这个讲究呀。没有抬头的文稿叫做"无头文"，一般是不作批注的。我又问他："你这是请我指正吗？"他说："是呀！"我说："你让我指正，可没给我留地方啊。"原来他的文章标题打在纸张的顶头，文字铺满了整张纸，没有留"天"，也没有留"地"，即使我想批注，也没地方写。这不免让我怀疑他的诚意，他原本就没想让我作什么批注，不过就是想向我展示一下罢了。可是，他没有意识到这一点。我又问他："你这是给我看的吗？"他不理解地看着我，好像是在说"这还用问吗？"我问："这是几号字？"他说："5号字。"我说："我眼睛有点花，你这字号太小，看着费劲，不是欺负我老头吧。"他无语，一脸无辜。我告诉他，在机关里，文稿都是有讲究的，没有抬头不够礼貌；请人指正，不留空间说明缺乏诚意；既然请人指正，就要考虑对方的需求，字号行距都要有所考虑。这不仅仅是一个技术问题，也是机关行文的要求，更深层次还有一个做人的问题。

没想到原先是想向我展示赢得赞赏的文稿，让我说得一无是处。我连内容都不看就退了回去，让他重新处理，希望他能充分认识和重视这个问题，不再犯这样低级的错误。他按照机关公文的规范要求又打印了一份，并写上了"请张建司长指正"，应该说没有什么问题了。但还不能说做好了，你看小刘请我指正的文稿，留出了近半页的"天"，说是让我好好指正。发改委的青年干部说他们给领导送的报告的字号就不是 3 号字，而是 2 号字，看来文稿的讲究大得很。

文稿露怯，露什么"怯"呢？首先是不符合机关文稿的规范要求。现在机关对文稿的要求越来越细，不同的文稿都有不同的规范，就是为了办文的效率，保证机关公文的正常运转。即使这样，不讲求规范的现象还是屡见不鲜。一次，一个司局上报了一个重要活动的请示，在正式签报件的左上角还贴了一个黄纸片，上面写着"领导：这次活动很重要，请您一定参加。"当我送给领导时，领导很不满意，说这么重要的请示签报夹个小纸片很不严肃。黄纸片在办公室很流行，一些青年说是"便签"，其实不是，便签一定是印有单位抬头的红字信签，虽然小一些，但一定标明是"便签"，而不是"即时贴"、"随手贴"。我们还经常看到随手贴上画着不同的表情符号，这些都不应该在机关的公文中见到。

表面上看，这好像是个形式的问题，但形式不讲究，往往就会以文害义，影响和损害机关工作的规则和形象。如果不按照文种规范行文，就会影响公文目的的实现；不考虑文稿对象的需求，就会影响信息传递的效率。当然文稿中出现的一些语法错误和错别字，更直接反映了作者和行文单位的素质，很损害作者和机关部门的形象，这样的错误属于不该犯的低级错误，实在是不应该。

文稿露怯，最重要的还是表现在思想和内容方面。2012 年印发的《党政机关公文处理工作条例》（中办发〔2012〕14 号）规定，常用的机关公文有 15 种，各种文体都有不同的要求，既有形式方面的要求，更有思想内容的要求。我们注意了形式的要求，往往忽视了思想内容上容易存在的问题，这个问题就是"八股文"。就拿调查报告来说，本来是各具特色、深刻生动的东西，但我们看到的许多都是千人一面、呆板乏味。比如题目大多是"关于××××的调查报告"，内容都按"基本情况、主要做法、成效经验、存在问题、对策建议"的套路来写，一些重要生动的思想内容容易埋没其中，字数不少却没什么看头。

中央国家机关举办的一次公文大赛，近九十个部委和单位参加，18 个文种只有 60 个一等奖，我们司的一位主任科员就拿了一个一等奖，是关于我们工作的一个规划。规划能有什么特别的呢？大家都写过规划，但如何不写"八股文"，做到理念先进、结构合理、内容丰富、表达精当，那真是要下一番功夫的。

有人说写报告和讲话一定要根据领导的意图来写，否则再好也得不到认可。但实际不然，机关干部的文稿，是机关工作的规则和工作职责的要求，如果领导的水平很高，你也认同，当然最好；如果领导的认识有偏差，难道不需要你来完善和影响他吗？文章的好坏是有目共睹的，即便领导让你写"八股文"，你也可以写出形似八股实则不八股的文章来，还是一个思想和水平的问题。

公文写作是机关干部的基本功，基本功不过硬，其他的就不用说了。我们可以看到，每位优秀的干部都有他优秀的文章做支撑。所谓文如其人，的确如此，这是机关干部不能不重视的。

36 "忌" 之二十

逻辑不清

机关里说话写文章的不二法门。

  一次，小王跟我抱怨，在一个各部门派人参加的讨论会上，轮到他发言时，说了还没有一分钟，主持人就打断了他，不再让他往下说了。听了他的叙述以后，我知道为什么不让他说了。一方面对会议主持人来说，应该尽可能让每个人在一定时间内把话说完，但遇上有的要求苛刻的强势领导，他认为你没说到点子上，又浪费时间，真的就不让你说了。如果再不告诉你为什么，那可真让你郁闷了。另一方面，即使让小王说，小王的问题还是存在的，就是他思路不清，没有围绕主题说，所以小王要从他的角度解决逻辑不清的问题。

  我们机关里说的逻辑，不是形式逻辑、"三段论"修辞学一类的东西。我们一般所说的逻辑，就是思维的条理性。一个主题都有必不可少的一些要点。最典型的例子就是我们在考试答题的时候，比如一道简述题，满分是 10 分，共有四个要点，我写了 300 字，只回答了一个要点，只能判给我 3 分，虽然你只写了 100 字，但四个要点都说了，就会判给你至少是 9 分。这个"要点"就是思维规律，简单地说，就是"是什么、为什么、怎么办"。

"谁思想得清楚，谁就表达得清楚。"这是德国哲学家叔本华说的。通常情况下，我们都是不自觉地去思考和表达，所以就缺乏条理性，这就是所谓的逻辑不清。

我自己好多年不知道这个规律，说话写文章不明白要说什么，想到哪说到哪，盲目得很，没有逻辑框架，为此苦恼了很长时间。后来经过领导指点，还有项目培训，知道了围绕一个主题，都有一些必须回答的问题。最基本的问题就是"是什么、为什么、怎么办"，当然可以细化和拓展，比如"怎么样"也是逻辑框架里不能少的，就像新闻的"五要素"一样，少了就不完整。这些必不可少的要素，就构成了我们思维和表达的逻辑。无论写文章还是讲话，无论时间和篇幅长短，都是这个道理。一般我们说话写文章，不会机械地顺序回答"是什么、为什么、怎么办"，而会根据需要变化多种模式，如"提出问题－分析问题－解决问题"，也可以是"论点－论据－论证"，或是"从哪里来－现在何处－向何处去"，不一而足，但逻辑框架都很清楚，都是要回答"是什么－为什么－怎么样－怎么办"。我以前写文章，不是漏了"怎么样"，就是少了"怎么办"，一看就知道是逻辑不清。

知道了这一点，我就有意识地把建立逻辑框架运用到工作的方方面面，这些年我思考琢磨了一个"五要素工作法"，即总结出一般工作都必须回答的五个方面的问题，即"理念－目标－机制－内容－方法"。一项规划、一个项目、一次会议或活动，都要回答这几个必不可少的问题，就是回答"是什么 - 为什么 - 怎么样 - 怎么办"的基本问题。

"五要素工作法"中的第一个"理念"非常重要，却经常会被忽略。思想理念对我们的宏观工作和微观工作都是最重要的，是灵魂，是旗帜。由于没有确立正确的思想理念，只为达到一定的目标，可能目标达到了，方向却偏了。"目标"应该是明确的，但如果目标偏离或影响了理念或指导思想，则要有所调整，服从服务于思想理念。还有"机制"，也是各项工作的保障。一般有五个方面：组织领导 - 政策制度 - 人员网络 - 经费投入 - 考核评估，少了这些，不能保证理念和目标的实现。"内容"和"方法"都是在以上方面的确定下不难做到和做好的。这些年我运用"五要素工作法"不断验证，结果还是比较适用的，这是我对建立逻辑框架的体会。

很短的文章和讲话，同样离不开逻辑框架。从我在一些现场和干部交流的情况来看，不少人在站起来即席发言的时候，很少有意识地进行逻辑思维，想一点说一点，没有条理性，这是缺乏逻辑思维的表现。我有一个"一分钟倡导法"的体会，即使在很短的篇幅和时间内，都要回答"是什么 - 为什么 - 怎么办"，都要有逻辑框架。有意识地建立逻辑框架，是我们机关干部不能不掌握的一项基本功。

36 "忌" 之二十一
没有说法

没说法不如有说法，有说法不如有好说法。

　　有一位青年干部问我："什么是没有说法？"我说："你上班穿黑夹克、戴着黑框眼镜有什么说法？"他说不出来，不知该怎么回答，我说："你这就叫做没有说法。你没说法但我却有说法，你本身比较削瘦，个子也不高，再一身黑色打扮，就更显得收缩和压抑，恐怕不是好的着装。"

　　机关里时时处处都会碰到这样的问题，对自己的行为没有说法，也没有准备有人问起来如何回答，不明白任何现象和行为都是主客观世界的反映，稀里糊涂犯一些"无意识差错"。常见一些年轻人，仅凭着自己主观感觉随意表达，缺乏必要的根据和理由，这就叫做没有说法。

　　凡事都有说法。作为政府机关，一举一动都事关大局影响社会，要言而有据、行而有规，不能没有说法。我自己以前也经常犯这个错误，或缺乏知识，或不明就里，或随我高兴，经常闹出点笑话，以至于经常不知道该怎么说该怎么做了。后来逐渐知道了这个道理，就开始注意，随时准备有人问你为什么。言而有据没有捷径可走，只有多学习多请教而已。日常工作中的事多问几个为什么，凡事有所准备随时回答可能提出的各种问题。

但凡机关里的事，都有"是什么、为什么"的问题。比如办公室夏天的空调温度应该调控到多少度？有几次我上飞机，看到也听到许多乘客感觉太冷，我问乘务员，飞机上的空调温度是多少，有说法吗？通常的答复是没有说法，全凭乘务员的感觉，遇上体热喜凉的机长，那很多乘客就倒霉了。后来有了说法，现在办公室夏天的空调温度，以 26 摄氏度为准，有人说是为了节能，我认为这不是主要原因。因为温度的多少首先要以最广大人群能接受为准，26 摄氏度可以视作大多数人都能够接受的温度。这是综合考虑了不同的人的需要和节能的要求，不是"随我高兴"。有的会场用中央空调，温度不能调，风量不能调，要不全关，要不全开，是冷是热就不管了，直接影响了会议效果。

说法有先后，当然也有优劣。在哥白尼"日心说"还没有出现之前，"地心说"就是依据，就是说法；"日心说"出来了，"日心说"就是依据，就是说法。如果有人就不承认"日心说"，非要坚持"地心说"怎么办？所以还有一个鉴别选择、优胜劣汰的问题。作为政府机关的工作人员，言行的依据，应以最广大人民群众的利益和科学有效为原则，或被大多数人所接受的经验知识作依据，除此没有别的说法，不管是老说法还是新说法。

一些日常科学知识是说法，正确的思想理念也是说法。开展一项工作，举办一场活动，正确的思想理念非常重要。国内大型户外情景演出的"印象系列"我看了许多，从客观条件和艺术水平来看各有千秋，但思想理念的高低往往决定了节目的优劣。《印象刘三姐》的演出没有一个明星演员，都是当地的农民，因为他突出了"农民群众是主体"的思想，所以效果最好。西藏的《文成公主》之所以成功，除了艺术条件和其他演出差不多以外，最重要的还是主题思想意境高，"天下没有远方，人间都是故乡"就突破了一般异域文化山水特色的局限，给《文成公主》的成功注入了最好的说法。这里的"说法"就是正确的理念，它是起决定性作用的说法。否则的话，艺术再美，少了思想也不行。

领导征求你对一个事物的意见，通常都会问一句"为什么"，你不能说不上来，更不能凭你主观感觉来说。没有说法的意见一般不会被采纳，你没说法他有说法就用他的，你的说法没他的说法好，也不会用你的说法。我们一定要建立"凡事都有说法"的意识，善于学习，充实自己，有理有据，让人信服。

36 "忌" 之二十二

会前不到位

会风是作风的集中反映。

　　我经常参加一些司局或部门召开的会议，以协调会、座谈会听取意见为多。通常我会提前 10 分钟到会议室，但有时还看不见会议主办方的人，其他部门的参会同仁来了以后还见不到主人，我们就有点受冷落的感觉。有的只剩三五分钟了，才见到主办方到场匆忙开会，好像没什么准备似的。有些应该让与会者知道的议程等情况也不提供，会议显得松松垮垮。这种情形下，与会者的情绪都不高，会议的质量和效果也好不到哪里去。

　　有一段时间，机关里流行着"掐着点到会"的风气，参会时间以准为美。参会者倒是无可厚非，但如果办会者也心安理得，那就让人想不明白了。可能是受国外一些风气的影响吧。上世纪 90 年代以来，我多次出访，在拜访对方相关部门的到达时间上，有时就比较纠结。一方面，因为所在地区交通状况比较复杂，我们担心迟到了不礼貌，所以都是提前出发，提前到达受访单位；另一方面，我们通常会被告知要准时到达，提前到达没人接待。所以我们经常提前 20 分钟、30 分钟甚至更长时间到达，到达受访单位后，没有人接待。我们要么在车子里待着，要么就开着车瞎转悠，消磨时间，等到了时间了，才有人接待。主人心安理得，我的心里却很郁闷，这叫什么事儿呢？主人难道没有考虑我们可能提前到达吗？我们早到10分钟、20分钟又有什么不对吗？难道主人们个个都那么精贵？安排个把工作人员接待我们有什么难的吗？

有人解释说，这是外国人特别是西方人讲求效率，不浪费时间，而且也不论你是什么级别什么客人，都一视同仁、秉公办事。这种论调居然也会被我们的一些人所认可，而且效仿起来，还真像西方人那么回事。岂不知这无意之中犯了待人接物的大忌，至少对我们中国人来说是不能接受的。如果只讲准时准点，不讲待人之道，恐怕只是捡了一些皮毛，丢掉了一些根本。丢掉的是一些什么东西呢？我认为就是丢掉了我们做人的一些东西，丢掉了中华文化中的优良传统，就是在待客方面的真诚、热情，宁可自己辛苦一点、稍微付出一些，尽地主之谊、尽主办方之情。况且早一些到会场，接待提前到达的客人，还可以加强沟通，尽可能发现和解决会前存在的一些问题，往往这是开好会、解决好问题的关键。

所谓我们在国外看到的一些慢待客人的现象，在西方发达国家，有些人根本就是骨子里不把你当客人看，要是他认为重要的客人，比我们到位的还早呢。如果是在欠发达地区，更多的是迟到懒散成了习惯，他自己就看不起自己，继而看不起别人而慢待客人，这是不尊重人。

如果是主办方的领导"掐着点"到会，还可以勉强接受的话，那么承办会议的工作人员会前不到位，实在有点讲不过去。客到主不见，实在不礼貌，给参会者留下的，只是冷淡应付的印象。往重里说，就是不尊重被邀请的参会者，反映出主办方从领导到一般工作人员，都缺乏应有的职业素养和人格品德。

但凡出现会前不到位的现象，都与办会方不重视有关，可能就是个形式主义的会，所以大家都应付应付得了。会前不到位、办会不认真，就是不良机关文化、不良处室文化的表现。看看这种主办方的领导和工作人员的表现，就不难发现这是一个因为做人做不好而开会开不好的问题。

我们的做法是，如果召开相关部门的会议，又都在同一个办公楼里，那么工作人员提前 20 分钟就要到场；如果有使用交通工具的参会者，那么工作人员就要提前半小时到场，往往我自己就会提前 10 分钟、20 分钟到会场，接待积极参会的先来者，以示尊重和重视。近几年我和司里同志与五六十个部委单位学习交流，不论是在主场还是在客场，我们都是提前半小时以上到场，会前要注意的事情很多，多一分准备，就多一分成功。即使是司内的会，我本人也都提前到场，没有别的，心在会上而已。

参会者如果因为特殊情况提前很早到达会场，就不能苛求办会方提前接待。但办会方提前安排工作人员到会则是责无旁贷的，包括相关的会议材料也应在会前准备停当，并在会前检查验证，防止出现差错。这些，就应该是我们的处长或科员们要想到的了。

　　会前的文章大得很。

·

36 "忌" 之二十三

开 "小会"

细微处见精神，小动作显品格。

　　一次我在一个四五十个人的会上讲话，讲着讲着，突然看见有两个青年在交头接耳，我的思路一下子断了，停了两三秒，那两人还没有觉察继续开"小会"，我不得不当场制止了他们。事情不算大，但毕竟对讲话和会议会有一些影响。开小会的年轻人可能还不知道他们的小动作会有如此大的作用呢。

　　谁没有开过"小会"？我就不会开"小会"，而且大多数的人都不会开"小会"。这些年我经常坐主席台，才知道原来台下的任何动静都能尽收眼底。哪里有个"风吹草动"，即使是上百人的大会，也能感觉得到。这时候如果我正在讲话，多少都会受到影响。如果是小型会议，那就更不用说了，在小会上开"小会"，简直就是对讲话人的轻视和挑衅。如果一两句也就算了，三五句或更多，少则影响三五人，多则影响大半场，就会影响会议效果。

　　什么人喜欢开"小会"呢？我注意到有些人喜欢开"小会"，甚至全然不觉察旁人对他们的反感。如果注意观察他们平常的为人，可以证实爱开"小会"的人，一般都是很自我的人，不太在乎他人的感受。不知道他在讲话的时候，会不会在乎别人开"小会"。开"小会"的毛病不算大，但不好改，因为这是潜意识里的事，自己感觉不到，如果要说和价值观有关，好像说得重了。但如果要改，还真的要从心里改起，从价值观改起。

还有一次，一个六七十人的会议，我正讲着话，听到有吹口哨的声音，是谁这么无礼？我离开座位，循着声音而去，原来是一个手机的来电铃声。这位老兄选了这么一个旋律，没有调到静音上，人还不在座位上，真让人哭笑不得，也算是一个无意的恶作剧吧。遇到这种情况，如果相邻的人不制止，或不主动处理出现的一些不协调现象，置身事外，其实是放弃了应有的责任，是有损自己的形象的。

还有的时候，我们在会场上能听到有人在大声地打电话，循声望去，那人却是把头伏埋到桌子底下，以为大家看不见他，也就听不见他的声音了，一幅活生生的"掩耳盗铃"的场景。你以为大家看不见你就听不见你的声音了吗？你以为你躲到桌子底下就不会干扰会议了吗？

有人说我很随和，主持会议或讲话的时侯即使有人打手机也能宽容，其实不然。我是见不得任何干扰会议的现象出现的。如果有人思想走神，只要你没有动静，不影响他人，无可指责。只要发出动静，影响了周围的人，或影响了会议秩序，我都是能制止就制止，即使隔着一定距离，只要没有人劝阻，我就会尽量劝阻。只要是我们承办的重要会议，我都乐于担当维护会场秩序的责任，或安排可靠的人维护秩序，要求是"地上掉根针都能听见"，人员走动和服务员倒水都会精心设计严格掌控。

这里还涉及到一个怎么开好会的问题。一般会议都是必需的和重要的，而且办会的人也都是用心的。如何把会开好，不仅是办会人的事，也是参会人的事。重视会议，尊重讲话人，是参会人应有的品格和态度，有必要有责任共同努力把会开好。

有一种情况是例外。有一次我参加一个大会，会议开得冗长沉闷，领导在台上念着稿子，底下的人嗡嗡一片，心已经散了，时间又过了饭点，我也忍不住了，加入了邻座的小会，其实是对办会质量表示不满，故意而为之。这种情况，就不在我说的"无意识"之列了。

36 "忌" 之二十四

滥发信息

出发点未必错，但效果未必好。

　　一次，我在干部培训班讲课，学员们希望课后加强沟通交流。我说："请你们把你们个人的邮箱地址告诉我，我好给你们发送相关的材料。"一位干部说："老师，不用那么费事，你发到公共邮箱里就行了，大家都能看到，那不就省事了吗？"我说："我不群发，我会给不同的同学发不同的邮件，还是分别来吧！"

　　我不是批评群发。为了工作需要，群发信息或发送到公共邮箱，便于相关人员共享；或者给部门内人员群发通知，将工作信息广而告之，无可厚非。我强调的是，信息发布应该有针对性，必须发的、应该发的、要发的、可以发的、不应发的，要区别对待，不可滥发。

　　什么是滥发信息？举个例子。有的干部喜欢转发消息，什么都发，没有恶意，有时还是出于好意，提供信息或表示关心。但是，客观上确实有点"骚扰"人。这种无意识的"好心"，有时也会招致别人的反感。我做过一个实验。同样一篇文章，我群发了 50 个人，发到公共邮箱，只有几个人给我回复。我挨个一对一发，90% 以上都给我回复，而且回复的人都提了很多意见和建议。同样的东西，群发，大都不回复，单个发却大都回复。就如同参加会议，没有座签，很少有人愿意往前坐。但是如果有座签，每个人都按序就座。

为什么说滥发信息是机关工作一忌？当前被称为信息爆炸的时代，我们每天受到信息的轰炸太多，滥发的信息对象混杂、数多量大、质量不高，可能会给正常的工作生活造成困扰。如果政府机关像这样滥发信息，还像个政府吗？作为机关工作人员，个人的行为要与机关的职责相匹配，同样不能滥发。政府机关发布的信息应当精准、权威，滥发信息造成信息混乱，淹没主题，分散他人的注意力。就像人的话多一样，话太多就减弱了主旨信息的分量，所以不能滥发。发信息是有讲究的，要有针对性，要弄清发的是什么信息，为什么要发这个信息，怎么发这个信息。我认为政府工作人员在信息发布上应该坚持"必须发的才发，可发可不发的不发"的原则，否则，就成了垃圾信息。

这件事你说大吗？不大。但是你得知道为什么不好。因为这种行为与政府机关的文化不符。发多发少有讲究，就像一首歌《群发的短信我不回》里唱的，"滥发的信息我不看"。

36 "忌" 之二十五

片面否定

喜欢否定他人，自己必遭否定。

机关行为 36 "忌"
JIGUAN XINGWEI 36 JI

　　有一次，在某司局召开的征求意见会上，轮到一位青年干部发言。他开口就说："这个报告的结构不对，第一部分应该调到第三部分，第四部分应该放到第二部分"等等。后来大家在讨论的时候，做了一些微调，但并没有按他的意见改。他跟我说："让我提意见，又不接受，以后不提了。"

　　我说："你怎么一开口又是批评又是否定呢？"他说："你不是征求意见吗？征求意见不就是让大家挑毛病吗？有什么错？"我说："征求意见，并不是说让你开口就是批评否定，你还得考虑你批评的意见对不对。当然了，你这么说没什么错误，但是你一直这样想就有问题了。"

　　片面否定在机关里时有所见。个别人不自觉地存在着负面否定的思维定式，凡事先从负面的角度考虑，出口的语言也都是负面的，有时还带负面情绪。有个别干部，一开口准是批评人，谁谁不对，某事怎么怎么不好，很难从他嘴里一开始就听到正面的东西。别人跟他交流看法，他都是跟人相反、对着来；请他评价一个人，他马上就能说出这个人的不足。优点当然有，但是他不说优点，只说毛病。

为什么会产生片面否定的思维定势？一是与个人经验有关，通常是年轻的缺乏经验的同志，多少有点逆反心理，喜欢跟人对着干。二是"自以为是"，总认为自己的看法正确。而他的"对"往往只是片面的"对"。 还有一种情况，别人都在说"好"的，为了寻求平衡，故意说一个负面的。

片面否定弊端多多，首先不利于干部个人的发展。有的人发表意见常常没有错，有一定道理，比如某件事情本身就有问题，他指出来是对的。但是因为他否定在先，就会引导事物向消极的方面发展。如果他经常这样批评为先，而自己又没有意识到，还觉得挺来劲："我能发现问题，你们发现不了"，不及时纠正这种思维方式，就会给人留下"总爱说人不好"的印象。久而久之，别人也不爱跟他接触。这样的干部通常进步提高很慢。

片面否定不利于机关的文化建设。政府机关工作的基本要求是全面客观、积极正面、沟通协调，充分调动各方面的力量。取其一点、不计其余的片面否定的思维与行为，容易形成一种消极的情绪氛围，不利于和谐文化和团队建设。片面否定和中肯批评不是一回事，中肯批评是全面正面思想指导下的批评，不是挑毛病，既看到优点，也看到缺点，对缺点有清醒认知，这样就能起到批评指正的作用。有人随自己的个性说话，以为"我就是这样，我就要挑刺"，这种思维方式在有些组织是可以的，作为专家的一家之言也是可以的，但政府机关不适合。

　　政府机关的工作有一定的思维模式，要求全面准确，既要肯定成绩，又要纠正错误。所以，如果征求我的意见，我会掌握一个原则，一定全面地说，积极地说，肯定地说，同时指出不足，例如"总体很好，有一个地方要注意一下"，这不是官话套话，更不是教你耍滑头，而是应有的思维和表达方式。好的一定要说，不足的也一定要说，但不片面否定。

36 "忌" 之二十六

随性表现

随人民的性，不随自己的性。

随性表现就是随着自己的性情，随心所欲的一种行为状态，也是每一个人自然状态下愿意做的事。在家里，或者没有人约束的情况下，我们都喜欢随着自己的性情来。由于不想受约束，便随着性子来，就容易犯无意识的差错。例如，某天心情不好，就对周围同事沉着脸，电话不好好接，待人也没好脸色。某天高兴了，就手舞足蹈、得意忘形。这种情况很常见。

有人问："人是越自然越像人，还是越理性越像人？"没有绝对的答案。不自然、没有人性，当然不像人。如果没有理性，也不能称之为正常的人，人的行为一定是在他所在的某个制度的框架里的。孔子"七十随心所欲不逾矩"，意思是你要升华到了一定的程度了才能随心所欲，这个"随"是自己已经有了规矩了。也许有人要说："我随性是正面的话，也有错吗？你不让我苦着脸，我喜笑颜开还有错？"听上去有理，但仔细想，却不是这么回事。

政府机关有规则、讲理性，不能简单放任。放任自流对社会造成的危害非常大。机关里个人的行为要受到岗位职责的约束。喜怒形于色、手舞足蹈、得意忘形，会给人造成"没常性、靠不住"的观感。人人都这样，政府就不像政府了。所以只要在机关里，就要受约束。不是某个人要约束你，是机关的性质、整个社会都在约束你。明星可以戴墨镜，在机关里就不行；明星可以说个雷语，你就不行。因为"随性"而出事的公务人员不在少数。

每个人要知道自己扮演什么角色。在政府机关，你就是政府工作人员，你的思想作风、言谈举止，就要符合机关文化的要求，就要符合社会大众对你的期待，不能愁眉苦脸、不能放肆大笑、不能低声细语等等。可以看出，政府机关对公务员的要求是很高的，既要有奉献精神，又要自律性很强，还要能经得起大家的监督，不能走极端。只有这样，人民群众才会信任你。公务员属于公众人物，不要以为自己不是明星，或者自己职务低，随性一点没关系，做个小动作，发个牢骚，像在自己家里一样。在家里父母亲不会说你，即使说了也没关系。而由纳税人奉养的公务员，可不能由着你的性子来，要社会大众认可才行。

"随心所欲不逾矩"，是在讲规则的情况下的一种境界。如果你的行为既随你的性情，又符合机关行为规则的要求，那当然好，那是没有一定水平和阅历的人很难达到的境界。政府机关公务员的责任重大，公众要求很高，所以不能随性表现。

36 "忌" 之二十七

不演练

"台上三分钟，台下十年功" 很适用机关。

　　在一次干部培训班上，我担任培训指导。当时有一项培训内容是每位学员轮流上台导读，作 20 分钟的理论阐述。为保证质量，我在会前都会指导发言人事先演练。有一位青年干部因为忙，认为自己蛮有把握，就没有演练。结果，第二天站到讲台上的时候，不能顺利地演讲，只好念起稿子来。念着念着，一下产生了失败感，知道自己没有成功，就哭了，演讲的效果可想而知。我认为这是一件好事，可以吸取教训，但凡以后上台发言演讲都要演练，不演练是不行的，这何尝不是一笔"财富"呢？

　　不演练是一个普遍存在的问题。而不演练往往很难成功。机关干部难免都要登台演讲，或者在公共场合讲话，但认真演练的不多，效果就不好。分析其中的原因，主要是轻视。有的人认为登台说话是很自然很简单的事，实在不行就拿着稿子念，所以不重视演练。不重视演练其实是不尊重自己，也不尊重他人，没有把"让大家听好"看成一件很重要的事。还有一种原因是太自信，认为自己不用练，上台就能讲。

　　事先演练与不演练效果是截然不同的。最好的发言和演讲都是经过演练的。即便是即席讲话，也都是经过演练才能达到好的效果。确实有的人在机关里讲话发言可以随口就来，十分老练。但是我们要知道，这个"随口就来"和"老练"，一定是在多少次演练之后慢慢积累形成的。乔布斯堪称演讲天才，可他的每一次演讲都要演练，还要配合 PPT，非常精细。作为政府机关的干部和领导人，不演练就说，容易出现差错，而这些差错都是不允许的。

政府工作的性质决定了面向社会面向公众不能失误，不能失败，登台讲话也是一样。这不像小孩子过家家，失败了再重来。学员培训在台上出现失误没关系，可是如果是一位市长在台上发言，忘词了讲不下去成何体统？政府机关工作人员的行为代表的不是个人，所以，"不能失误，不能失败"的这一要求决定了必须演练。演练不仅仅要求把讲稿内容熟悉到全记下来，还要真诚地用心说出来，现场还要有各种预案以防意外。所以，演练绝对是机关工作人员的必修课。

演练的好处有很多。首先是思想，通过演练，不断地琢磨、锤炼，把思想精华浓缩表达。其次是内容，演练的过程就是不断地增删、斟酌、完善的过程。再次是语言。现在的年轻人都玩电脑。电脑的语言是数字化的"0"与"1"，没有重音，都是平调的，写出来的字也没有笔锋——这其实是一种异化的表现。我们是活人，有真情实感。演练就是让我们说话时有逻辑重音，有感情重音，说正确的心里话。另外还有形体表达等等，这些都需要通过演练才能达到最佳效果。

　　我经常代表司里在台上发言，每次都要演练。除了自己私底下演练，一些重要的发言还要在司里试讲，认真征求大家的意见，尽可能完善。一分辛苦一分收获，经过充分演练，正式讲的时候效果一定就很好。

　　只要是公开场合的活动，只要是登台讲话，就要演练，没什么好说的。因为一旦失败，没有再一次了。

36 "忌" 之二十八

小圈子

公家人心里装的是天下。

什么是"小圈子"？我认为，在国家机关里，只要不是为了全社会广大人民群众这个大圈子谋利益的圈子，都是"小圈子"。

我们的政府机关是为全社会广大人民群众服务的，要联系和团结最广大的人民群众，必须搞"五湖四海"，包括机关的工作人员都是来自五湖四海，所以，机关里不能搞"小圈子"。

机关里的"小圈子"有几种。比如有些干部热衷于几个同乡经常在一起，或者说几个校友经常在一起，或者志趣相投的几位"铁杆"经常在一起，不用成立"同乡会""同学会"，都算"小圈子"，这一点在政府机关比较敏感而且要求很严。

还有一种比较隐晦的"小圈子"，属于热心本组织内部、不善于对外协调或能力较差、打不开局面的"小圈子"。有一次，我们组织开展全国性的活动，好几个单位共同参与。五六十号人乘坐大小八辆车。我们司里的干部分散到每辆车上担任"车长"联络员，负责内勤外联。结果长途跋涉到达活动地点后，我发现司里的几位干部从各个车下来后又聚到一块，很亲热。我说你们现在要去招呼各个车上不同单位的人，自己人凑在一

124

起干什么？我认为这也是一种"小圈子"。有人说因为司内氛围融洽关系亲密，所以很自然愿意凑在一起，不是故意为之。我理解这种自然的无意识。但重大活动在外，需要我们尽心尽责照顾好协调好方方面面，这时候还以本司处人员为主，就不能做好其他单位有关的许多事情，这也是一种"小圈子"在工作中的表现。机关工作需要开拓，机关干部要具备组织协调各部门机构的能力，善于做群众工作。如果不具备这种能力，只会在"小圈子"里工作，局面就打不开，就不能尽到职责，就不能实现目标，就是一个不称职的工作人员。当然，这涉及到对"我"的认识。而"我"的内涵可以很小，也可以很大，小到一个处室，大到全国人民。

机关里的一个司、一个处算"小圈子"吗？因为工作需要组合起来的机构，与外部正常地发生联系，不算"小圈子"。但唯本司处利益为重的话，那就叫"小圈子"。

形成"小圈子"的原因很多，但不管哪一种，都是狭隘的思想和功利的关系造成的。为了利益关系组成的"小圈子"，例如"官商朋友圈""官官相护圈"，是基于共同利益需求结成的小圈子；有的是"老乡圈""同学圈"，为了局部利益而不顾或牺牲大局利益；有的是因为心理性格原因，比如志趣相投、脾气对路，就容易导致孤立的、独立的"小圈子"，不利于开展工作；有的缺乏协调沟通能力，只能在很小的圈子里运作，形成一种"圈子文化"。

有干部说，如果领导搞"小圈子"，他要你进他的圈子，不进会被排斥，进了又不是自愿，怎么办呢？我想说无论什么情况，进不进小圈子，不是取决于个人意愿，而是政府机关的性质要求决定的。因为"小圈子"不符合政府机关的工作原则，即使能得到一时的功利，但终究是不利于工作的，也不利于干部的正常发展和健康成长。

机关工作不能有"小圈子"的行为。我想一个优秀的干部，应该像毛泽东同志所说的那样："我们共产党人好比种子，人民好比土地。我们到了一个地方，就要和那里的人民结合起来，在人民群众中生根开花。"

36 "忌" 之二十九

不帮不教

机关里的"误人子弟"不亚于学校和社会。

有一个干部跟我说，司长让他写一个报告，但不告诉他怎么写。他试着写了，送给司长看，司长看了两眼，就说不行，让他重写，但不告诉他怎么写。他改了改再交上去，还说不行，还让重写。弄得这个干部实在没辙，干脆连改都不改又交了上去，这次司长啥也不说就通过了，让人哭笑不得。

机关里类似的现象时有能见。司处长交代任务不清楚，重要的问题也不组织讨论，"以其昏昏使人昭昭"，或者说"以其昭昭使人昏昏"，弄得下属无所适从、动辄得咎。当领导的不以为耻反以为荣，看着部下困惑迷茫还自鸣得意，真不知这样的领导是怎么想的。表面孤立地看，领导个人很能干，部下好像都不行。但由于领导自己的主观专断又不帮不教，所以部下得不到指导和帮助，能力难以提高，领导自己也很累，还埋怨部下不得力。这里有一个误区，一些领导以为自己的主要职责就是管理下属，不知道当领导的主要职责不是在于管理，而是要调动和发现部下的积极性和优势，引导部下自觉主动地发挥主体作用做好工作。单单靠管理是管不好的，领导力和影响力才是主要的。

一个青年干部，在一个部门好多年甚至十几年不进步，领导很少有从自己身上找原因的。一些青年干部不知不觉之中就被耽误了，不用很长时间，三五年就可以影响一个人的一生，这也是"误人子弟"。其实在机关里，"误人子弟"的现象很常见。许多人认为机关里都是大人了，主要就是工作关系，完成任务就行，加上很忙，传帮带的意识淡漠。忘了在带领大家做好工作的同时，更要带好队伍，培养机关工作的优秀人才。

　　重事不重人，重使用轻培养，是这些年来机关普遍存在的不良作风。因为业务繁杂、任务繁重，以为完成任务为要，轻视了培养提高下属的综合能力和素质。

　　由于我自己有切身体会，所以我在任司长之职期间，就注意把完成任务和促进干部成长结合起来。听说读写练是机关干部日常的基本功，我们的支部党建就帮助党员和干部在听说读写练的实践中提高和发展。听，带着青年干部学习深入实际倾听百姓呼声，加深与人民群众的思想感情；说，开展"我说时事""我来主持"让干部站着讲，多说多练；读，开展"读讲一本书"活动，让个人的学习成果大家共享，成为中央国家机关的知名品牌活动，许多干部几十次受邀到各部委机关交流演讲；写，我让下属写东西的时候，都会和他们商量，详细说明我的构思。如果是比较重要的文章或报告，我们都集体讨论，知无不言，言无不尽，让执笔的年轻干部明确思路展示文采；练，我们主动安排干部深入基层练，把我们的外出演讲的机会让给

36 「忌」之二十九　不帮不教

129

年轻人，及时鼓励表彰青年干部的长处和亮点，注重他们思想的提高，促进他们的成长和进步。

"己欲立而立人，己欲达而达人"。你成就不了你的部下，你也成就不到哪儿去。你心里装了多少人，你就是多少人的领导，这是决定你能否在机关里发展，能否当好领导的重要因素。

36 "忌" 之三十

不让说话

不让说话一定不是好领导。

机关行为 36 "忌"
JIGUAN XINGWEI 36 JI

有一个干部跟我说，他们司局开会，大多数情况下只是司长一个人说，说完就散会。有时候司长也问大家有什么意见，但看他那并不诚心让人说话的神态，即使有人有想法也不说了。时间长了，大家都不想说了，不敢说了，也不会说了。领导喜欢自己说，不想或者不让下属说，这是一些司处领导的表现，好像这样的领导比较强势，但未必真强，至少下属不强。

说话，准确、适当地表达自己的思想，是机关干部的一种重要能力，也是机关工作的重要内容和方法。说不说、说什么、怎么说，都很有讲究。作为部门领导，让不让下属说话，是领导思想水平的体现。现实机关里，一般干部特别是青年干部很少有说话的机会。本来不少干部就提醒自己要谨言慎行，如果司处长不鼓励下属说，不给机会，下属就会越来越不想说和不会说了。我说的"说话"，不是那种在小范围里说，或者坐着说几句的"说话"，一般办公室的日常交流和闲言碎语也不算。我说的"说话"是在正式场合，站着当众发言或讲话。无论哪一级的干部都要经历经常的锻炼，才能提高思维和表达的能力，才能发挥机关干部的主体作用。

我看到不少副职或低级别的机关干部很少说话，也很难说话，不是没有话，而是没有机会说，甚至到了司局一级的，只要不是一把手，都很少有说话的机会，因为一把手没有给说话的机会。一旦要当众发言或作大会讲话，通常都不理想，甚或有露怯尴尬的场面。

　　行政机关讲究层级管理，一级管一级，下级服从上级，上级管下级，这是必须的。但层级管理客观带来的弊病就是越往上的越重要，越往下的越不重要，结果说话也是上级压下级，如果不注意让下级说话，不注意发扬民主，就会压抑大家的积极性和创造性。所以在发达国家和先进的组织内部，都倡导团队学习和民主管理，建设学习型组织，让大家都说话，克服层级管理带来的弊病，实现民主决策、科学决策。

　　有些当领导的，总以为自己高明，至少比自己的下属高明，或许想确立自己的权威，以为不让人说话就不会有杂音，喜欢搞"一言堂"，结果总是适得其反。许多干部特别是青年干部不敢说、不能说，都跟环境氛围有很大关系，都跟领导让不让说有很大关系。

　　早些年我当一把手的时候，大小会我总是先说话，认为自己的想法正确能起到引导的作用，先入为主嘛。结果往往不是像我所想的那样，我总有一些不周全的地方，也经常会有一些不同的意见，如果我不让大家说话，那结果一定就不是最好。经历了几回，我知道了最好先听大家的，集中大家的智慧才能形成最好的意见。实践让我认识到，我的思想和能力很不全面，正确的思想一定是从群众中来的，所以，一定让同志们先说。我注意到我的一位领导，国家级的领导，每次她主持一二十人的会，总是先让大家说，尽可能地让每一位同志都说，连坐在边上后排的科处级干部都要问到，即使占用大量时间也在所不惜，让每个人都充分发表意见，最后她才总结讲话，所以总能全面正确，效果非常好。我开头不解，多次后我幡然大悟，这才是正确的领导方法。后来我主持工作的时候，就运用这种方法，先让大家充分说，每个人都说完后我再概括总结，一般错不了，多能得到大家的认同，事情就能办好，这就是民主集中制，就是民主决策、科学决策。

原来我们宣教司每周有学习例会，分别由司里同志轮流主持。轮到青年干部小石主持时，她在快结束时问了一句："还有哪位同志要说的吗？"从此就成为我们开会的经典结束语，意在让每一位同志都说。这不是形式，而是内容，更是一种思想，让大家都说才能保证做到民主决策和科学决策。会听善听是当一个好干部和好领导的基本功。你不让人说话，不听大家的意见，大家思想不一致，干起工作来事倍功半，当领导的自己还累个半死。

政府机关很重要的一个工作方法，就是要多听，什么意见都要听，特别是不同的意见，更要会听。这不是作秀、搞形式主义，而是政府机关工作的职责和要求，不是你愿意不愿意的事。特别是批评意见，往往是对你最重要的意见，通常都有很高的价值。如果只求顺耳，这好那好，出现了问题，却不知道该怎么办，这样的决策能好吗？

　　不让说话还有一个严重的后果，就是你的下属因为没有说话的机会，没有锻炼表达的机会，以至于到了要说的时候，都成了低能儿，只好都由你来说。你以为自己是个能干的领导，而你的下属却表现不佳。 如果我们能让人说话，善于听不同的意见和建议，就能采纳最好的主意，我们的工作就一定能做好。一个人是这样，一个机关、一个政府也是这样。

36 "忌" 之三十一

不沟通

通则不痛，痛则不通。

那年我参与督导组工作，有一位单位领导急着约我，要向我反映一些比较重要的情况。结果谈了两个半小时，也没有说出什么重要情况，最后他说："要说也没有什么大事，就是不沟通，不沟通算什么'风'？我心里很郁闷，就想跟你们说说。"原来他只是对一把手不跟他沟通有意见。比如他认为比较重要的事情，一把手没有事先跟他商量。还有属于他分管的工作，一把手不打招呼直接指挥处室干部去做。再就是平时很少交流，作为领导班子成员，他认为没有得到应有的尊重，很影响领导班子的团结和干部的情绪。

不沟通算什么"风"？这次交谈让我想了很久。从搞革命到抓建设，再到改革开放，我们人与人之间的沟通，特别是领导班子成员之间的沟通，是越来越多了呢，还是越来越少了呢？革命战争年代条件艰苦，信息欠缺，每每都有紧急突发事件，如果不及时沟通，恐怕就要了人的性命了，所以那时虽然条件很差，但沟通不能不紧密。到了建设年代，办公条件好了，人们之间的物理隔离多了，主要是有了一官半职，高高在上，沟通就少了，要沟通也是说好的多，官不大，官僚主义却不小。

改革开放这些年，一阵子好，一阵子差，甚至是越来越差，主要是上级对同级和下级沟通的少。忙是客观的，主观上还是唯我独尊，心里没有别人，但凡有关个人利益，但凡有些事不太占理，干脆就不沟通了，导致不少干部心情郁闷，意见很大。同级之间沟通不够，上下级之间沟通就更为困难。有时下级很想和上级沟通，特别是可能产生误会的时候，可是看看领导的脸色，根本就没有沟通的意思，或者说是忙得没有时间，沟通已经成了很奢侈的事情了。

不沟通算什么"风"？要我看，就是官僚主义之风，而且是表面看不出来的官僚主义，在机关里很常见，已经成为我们机关风气的一种腐蚀剂，腐蚀着我们的信念，腐蚀着我们的情感，腐蚀着我们的风气。同志之间的真诚没有了，多了一些冷漠和虚情假意；同志之间的交流没有了，直接影响机关工作的效率和质量，思想政治工作成了空话，很不利于机关作风建设，也不利于党风廉政建设和反腐败斗争。需要各级主要负责同志高度警惕，力图改进。

后来，在我们提醒协调下，相关单位的领导班子成员之间加强了沟通，都从团结的愿望出发，经过批评和自我批评，达到了新的团结，我们由衷地感到高兴。

36 "忌" 之三十二

贬人损己

损人不利己，有些人就这么蠢。

　　有一个司局的领导对我说："你们都说那个人很优秀，可是到了我们这儿以后，表现可不怎么样呀。"我说："你可别这么说。那时候大家说他好，到你们那儿如果不好了，一定是你们的问题。"我给他讲了"南橘北枳"的故事。齐国的宰相晏子出使楚国，楚王想羞辱晏子，就设计在他与晏子会见的时候，让人押着一个犯人从他们面前经过，然后楚王故意问："他是哪国人？"士兵回答说："是齐国人。"楚王又问："他犯了什么罪？"士兵回答说："偷盗。"楚王对晏子说："你们齐国的人都喜欢偷盗吗？"晏子说："齐国民风社风淳朴，夜不闭户路不拾遗，根本就没有偷盗的，怎么到了你们楚国就偷盗了呢？我听说桔子在淮河以南就叫桔子，味道很甜美，可是到了淮河以北，就不叫桔子而叫枳子了，味道苦涩得很。同一个东西在不同的环境就会产生变化。所以是你们国家的问题。"楚王很懊悔，他对晏子说："我本来想羞辱你，不想反而羞辱了我自己，很不应该。"

　　有的人在机关里口碑很好，但有时会遭到个别人的贬损。有趣的是，口碑好的人并不因此而减损，但是贬人的人却很受损。要挑人家的毛病还不容易吗？但无端挑毛病只能说明你的

142

偏激和狭隘，贬人贬不成，损己倒是真的。

为了贬损他人，反而羞辱了自己，这是我们在处理部门人际相互关系的时候可以看到的一种现象。因为动机不良、出发点不对，结果自取其辱，或破坏关系，是机关干部要格外注意的事。

贬人损己还容易表现在否定前任方面。

我当了部门或单位的一把手，总希望能比前任做得好，甚或就认为自己比前任更优秀，这是一种比较自然的心态，无可指责。但为了抬高自己，就有意无意地贬损前任，就掉进了贬人损己的陷阱里了。接了别人的班，总觉得前任毛病多多，特别在工作思路不一样的时候，就否定前任的思路和业绩，甚至绞尽脑汁"去前任化"，给干部职工带来了思想上的困惑和行为上的困难，很影响机关的氛围和工作效率，客观上就是对自己的严重损害，主要是人格和威信上的损害，即使你业绩超过前任，损己是一定的。

传承，是机关工作很重要的一个规则。每一任、每一个领导都有思想或工作方面的优点或长处，即使缺点很多的干部，也有一些值得学习的东西。首先要发现和肯定前任的长处，对大家过去所做过的工作给予充分肯定，即使是一些不足与失误，也要给予理解和包容，不纠缠于过去的是是非非，更不能逼下属表态站队、以派划线，搞"顺我者昌逆我者亡"——这是违背政府机关工作职责精神的，不为机关规则所允许，也是广大干部职工内心不赞同的。

贬人损己的行为多是在无意识的情况下发生的，正是因为自己不自觉，才越发需要引起注意。

36 "忌" 之三十三

甘当另类

另类的价值不在机关里。

　　有一位青年干部，在机关里表现得比较另类——头发蓬乱，贝多芬那样的爆炸式发型，走路一摇一晃，说话雷言雷语，而且看法常和别人不一样，经常相左，给人感觉比较"个色"，怎么看都不像个政府机关的公务员。但是要说他的人品，大家还都是比较认可的，很热心，不计较个人得失，还有点艺术天分。但是他的行为和机关文化不太相符。虽然他本人满不在乎，大家也都包容他，但他个人的发展和进步就不太顺利了。他不适合在政府机关里工作，我建议他到社会组织中去，到艺术团体里去，离开政府机关可能更能发挥作用，更适合他的发展。

　　在人员比较多的机关里，总有个别干部表现另类。有的是外表另类，比如像上面说的那个青年干部，还有打扮怪异等；有的行为另类，比如怪腔怪调，动作怪异，姿势吓人之类；还有的是思想另类，比较极端，虽然未必有错，但很难为大多数人所接受，自我且比较固执等等。

　　另类容易被人关注和议论，给人印象比较深刻。受到大家的关注越多，被挑剔的也越多，压力也越大。另类，对个人来讲不算什么大毛病，但这种另类的行为表现不是机关所认同的。

男怕入错行，女怕嫁错郎，另类的人进入机关工作就属于入错行了。

为什么说是入错行了呢？我年轻的时候对另类人是不认同的，但是我慢慢地发现了他们很宝贵的一面。对于社会来说，另类人群的存在既是客观的，更是必须的，也是重要的，它是一个正常的组织或社会不可或缺的。在遵守法纪的前提下，另类对社会进步的意义很重要，它是主流社会发展的校正器、参照物，从另一方面反映和提醒、推动社会的进步。正是因为有一些另类的思想文化，才让我们的世界丰富多彩，能够不断地创新，为主流文化健康发展提供借鉴和参照。所以，从主流的角度来看，需要另类，也应当包容另类，感谢另类。而问题是另类可以在机关外起作用，但在机关里不适合。另类人群一般要承受较大压力，多是社会或组织的边缘人群，不能代表主流的思想文化，也难以成为引领社会的力量。在机关这样特定的机构里，另类行为不能成为机关文化的主流，相反，承受的压力很大，需要付出很多。

另类到底是什么？对于一般人来讲，另类是个人的特性，也是一种生存的方式，无可厚非。社会上的另类思想和行为没什么不好甚或是一种贡献，但因为不是主流，在机关里就不能得到广泛的认同，机关里不需要另类的行为。政府机关要代表绝大多数人的利益和主流文化，机关干部的行为要和机关文化相符。对于具有另类思想行为的干部来说，认识到这一点，要

36
「忌」之三十三　甘当另类

147

么纠正另类行为，要么离开机关，去找更适合自己思想行为生存发展的环境，在以"执两用中"为执政圭臬的政府机关，另类和偏激都是不可取的。有的政府号称自己是左派政府或右派政府，这样的政府因为它不能代表最广大的人民群众，把自己定位到了只为一部分人服务的角色上，背离了政府的根本职责，必然得不到最广大人民群众的拥护，也是不能长久的。

36 "忌" 之三十四

以直为荣

以直为荣不知误导了多少机关人。

在机关里，如果有人对你说："你这个人很直。"你认为是在夸你吗？如果你评论某人"是个直人"的时候，你是肯定他的成分多呢，还是否定他的成分多？多少年来，我听到别人说我"很直"的时候，都认为是褒多贬少，基本是肯定的，所以一直"以直为荣"。直到有一天，一位干部跟我交流的时候，表现出很"直"的情形，我看到了年轻时的自己，我说"你这个人很直"，但实际上已经不是在夸奖他了。这让我幡然大悟，原来我一直认为的"直"好像有些问题，实在算不上什么优点。临别时，我送了他三个字："正，勿直。"

直，本义是"不弯曲"。用到人的行为的时候，多用来表述人的品格、性格和行为。单独用的时候，是看不出肯定和否定的意思的。只有把它和其他字词结合起来的时候，才会产生不同的含义。比如"正直""直率""直白""直愣""简直""直性子""直肠子"等等。正面的不多，负面的不少，当然中性的多些。"直"只是一个中性的词，让我误解了好多年。

直，无所谓好坏优劣，直和好的东西结合在一起的时候，可以把它看做是一个优点，比如正直。把它和不好的东西放在一起的时候，它就是缺点。这要看对什么人来说，对社会上和生活中一般人来说，直还是褒多于贬的。但对于政府机关的干部来说，大多是贬多于褒的。客观地讲，直是一个中性的词，谈不上褒贬，也没有什么值得引以为荣的。

有一个类似的词可以类比，就是"聪明"。我们说一个未成年人"聪明"时，应该有夸奖的意思，但如果在机关里我们说一个干部"聪明"，恐怕正面的评价已经不多了。如果"直"对一般人还有品格上的一些认同的话，对于政府机关的干部来说，已经谈不上是什么优点，或者说远远不够了。因为政府工作很重要的一个工作方法，就是要能够协调各个方面，善于做群众工作，尽可能多地团结大多数人，而"直"是达不到这个目的的。

反思我自己，之所以"以直为荣"，首先是混淆了"正"和"直"的区别，更重要的是混淆了一般人和政府机关工作人员的区别。根据我自身的体会，"直"有两个显著的特点：一是简单。在"直"的表现的后面，我们可以看到"直"的思维是简单的，以为自己所看到的就是事实，就是真的，没有看到事情并不是自己想的那么简单。尤其在政府机关，我们面对的各种情景有着复杂的联系，用简单的思维解决复杂的事物是解决不好的。我年轻的时候是比较简单的，看不懂机关里的许多事物，仅凭自己的孤闻寡见简单从事，往往不明就里，不得要领。好多年以来，我就觉得机关里一些水平高的人看不起自己，难

36 "忌"之三十四　以直为荣

151

有共同语言，现在才知道不是人家看不起你，实在是无法和你坐而论道，因为你实在太简单了，而实际情况并没有像你想的那么简单。

"直"的第二个特点就是自以为是。这是所谓直人犯错误的主要原因。因为认为自己对，所以才会直，即所谓理直气壮。问题是你真的对吗？我们看到好些直截了当的意见和看法未必就对。自以为对是一回事，实际的情况和效果很可能不是这么回事，这是无数教训告诉我们的。

一次我在 400 人的大会上讲机关行为，有一位中年干部站起来主动要求发言，他很激动，他说我讲解"以直为荣"是误导青年，他认为"直"是做人的优良品质，不应该否定。并说自己就是因为很直得不到提拔，虽然得罪人，但他还会坚持自己。我很理解他的心情和处境，但他的行为本身告诉我们所谓"直"在这个场合也是不适合的。具体分析一下，如果是在某个专业团体或特别组织，"直"甚或就是优点，但在机关工作，特别在政府机关工作，就显出他的浅薄和缺陷来了。

直，有时和正连在一起用，但二者其实不是一回事。正，是人之良知，是绝大多数人心中都有的一个标准，人不正，难以立；直，是一种表现，依不同的人而不同。正和直有相关性，但更有迷惑性。不正的人，通常不直，否则难以做人成不了事。直的人，通常比较正，所谓刚直不阿，无欲则刚。但"直"的本质是简单，在一般的情况下问题不大，但遇上较复杂的情形，

"直"就不够用了。单纯"直"，也难以立。机关单位不像其他环境，一般比较复杂，"直"在机关里就派不上用场了。

我问了好多人："直好吗？"他们都说"不好。"我问"为什么？"他们说："都没有好下场。"这只说对了一半，更多的是"直"的方法不科学、太简单。　既然实践告诉我们，"直"的结果通常都不好，那我们为什么还要"以直为荣"呢？

有人表现"直"，只是想显露自己正直的品格形象，没有多想"正"和"直"的差别还是挺大的。在机关，"直"成不了事，对领导干部来说更是如此。在一般人身上可能算是优点的"直"，到了领导人身上一般就是缺点。为什么？因为政府工作、领导的职责是尽可能地团结所有的人，"直筒子"虽然爽快，但直杆子到处乱捅，就不能够团结大多数人一块共事，这个"直"就是缺点。

有一种"直"我是认同的，那就是经过认真思考后，决定采用"直"的表达方式，而不是不明就里想啥说啥，不思考就表现的"直"。

正，勿直。

36 "忌" 之三十五

不识他人

不识他人，何以用人。

机关行为 36 "忌"
JIGUAN XINGWEI 36 JI

40 年前我看过一本美国总统写的自传，他说，你进到一个屋子，一眼看不出谁是你的政敌，你就不配做政治家。我很不理解，多少年了，一直不明白。后来逐渐有了一些感觉，在经历许多人与事的过程中，逐渐知道了怎么认识人。正应了一句老话："读万卷书，行万里路，识人无数，高人指路。"没有这些综合的因素很难识人。

"不识他人"跟机关工作有什么关系？我过去认为做好我自己的就行了，也不想多和别人打交道，封闭得很。后来碰了许多钉子，在大量的与人交往的过程中，逐渐学习了如何识人。多年在机关工作，深感自己的孤陋寡闻，以至于对机关里的好多事看不明白，也看不清人，影响到许多工作，才知道政府工作很重要的一条就是要识人，识人是为了用人、用好人。因为政府机关要开展大量的社会动员和组织工作，必须要善于发现和发挥每个人的优点和积极性，用最适当的人做最适当的事。在机关里不了解人就用不好人，就带不好队伍，更不用说组织人事部门的干部了。组织人事部门的干部有一个别人没有的机会和条件，就是专门做人的工作的，特别有助于识人用人。比

156

如和干部谈话，这是组织人事干部的基本功。有时我发现一些年轻的组织人事干部对与干部谈话没有兴趣不用心，殊不知这样既达不到谈话的效果，更不能帮助自己提高"识人"的能力，很是可惜。有一位组织部门的年轻处长告诉我，这些年因为考察干部他参加了和五六千名干部的谈话，看到了各种各样的表现，逐渐让他明白了什么样的干部是个好干部，也明确了自己应该做什么样的干部，这就是"识人"的好处。

俗话说："知人知面不知心"，而"人心之不同，如其面焉"，怎么识呢？简单地说，就是听其言、观其行。"识人"通常是通过跟人交谈和观察来完成的。交谈观察怎么就能一眼看出来对方是什么人呢？我觉得最重要的是一种心灵交融。如果你用诚恳的、真挚的心跟他交流的时候，得不到他相应的回馈，或者他用他的言行告诉你他和你保持距离，你就会判断，他跟你沟通不了。这样的话，你们就很难说到一起。总结来说，在机关里认识一个人要通过你跟他真心的交流来获取信息——如果你对他无意，他一定对你无心；你对他有心，他对你有意，你就能看出是否能够交流。有些人三句话就能认识一个人，抓住本质，这需要总结、历练。另外，还应注意积累观察人的方法，包括分析肢体语言、外表行为等。

小事看人品。在自然不经意的情境下，一个人的品行可以通过细微的行为表现出来。识人重在了解德性，曾国藩以"德大于才"为用人第一要旨，对此他有过精辟阐释："与其无德而近于小人，毋宁无才而近于愚人"。才智高的人，未必德行就好，"德才并重，以德为先"，是我们识人用人的基本原则。

通过了解人，发现人的优势，发挥人的优势，用人所长，避人所短，这是机关工作的需要，是为了做好工作，也是为了提高和完善自己，做一个优秀的国家机关工作人员。

36 "忌" 之三十六

不知自己

你为自己选四个正面的词，看大家认同吗？

　　我问小王："你想过你是一个什么样的人吗？"他略微一怔，看来他可能想过，但没有认真想好。我说："你能不能用几个词来说说你是一个什么样的人，正面的。"很快，他就说了："我是一个勤劳的人、认真的人、踏实的人、善良的人。"听着好像没什么问题。我叫小刘过来，问他："你是勤劳的人吗？""是啊。""你是认真的人吗？""是呀。""你是踏实的人吗？""是呀！""你是一个善良的人吗？""是呀！"我又叫小赵过来，又问了一遍，他也都认为自己是那样的人。

　　发现什么问题了吗？怎么小王的自我认定好像适合好多人？原来他对自己的认定标准，和社会上的普通人一样，对机关干部来说，这就是问题。比如说勤劳善良，也就是清华大学校训的"自强不息厚德载物"，这是中华民族最典型也是最普遍的品格特征，全世界都公认，没有异议。2000 年以前《易经》开篇已经说了："天行健，君子以自强不息。地势坤，君子以厚德载物。"自强不息是指"勤劳"，日出而作日落而息，就是中国人所说的"天德"；厚德载物是指"善良"，就是"地德"。

天德地德合起来就是人德，就是"天人合一"。这是中国人普遍具备的品格。作为国家机关的工作人员，当然必需具备这些基本的品格，但只具备这些显然是不够的，因为你不是一般的普通人，还应该具备一些更高要求的优秀品格，不是吗？

我们曾经开展过一个"品格形象自我认知"的活动。这个活动就是让我们认真想想自己是个什么样的人，发现自己身上特有的一些优点、优势，再通过别人的反馈，寻找自己和他人眼中的"你"的差距，从而更好地认识自己、调整自己、完善自己。这个活动很有意义，它让我们明白，作为国家机关的工作人员，每个人都有着一些自己独特的优秀品格，这些品格又是符合国家机关工作的职责要求的。比如说坚定、包容、精细、耐心等等，我们讨论列出了300多个品格形象词汇供大家参照学习，就是为了帮助大家更好地认识自己，发现和发扬自己的优势，克服自己的不足，做一名全面发展的优秀干部。

如果没有认真思考自己是一个什么样的人，或者没有通过与他人的比较、区别，难免会对自己认知不够，或把自己的目标定位混同于一般的老百姓。由此大家都认真思考自己，并通过与他人的交流，尽可能得到客观准确的认识。比如有的干部认为自己很包容，可是大家给出的评判分值并不高，说明自己对自己的这点认定是不准确的。还有的人认为自己很细致，但看到大家并不认同以后，就找到了完善自己的努力方向，原先宣教司的"精细化工作"就是这么提出来的。

我在和许多干部的交流中发现，因为没有按照国家机关工作人员的要求和标准，一些干部不能正确认识自己，往往对自己的看法也不客观准确，标准偏低，行为就会出现偏差。要正确认识自己，就要在工作实践中经常思考不断请教，通过客观环境和他人的反馈建议，知道自己、完善自己、提高自己。

我们的活动实践告诉我们，首先要发现自己的优势，然后发扬优势，同时注意你的优点往往就包含着你的不足，缺点不用专门去找，它就在你的优点的背面，如果不是这样，说明你的优点还没有找准，这是我们通过活动看到的一种现象。同时注意自己的行为不要与自己的优点发生矛盾，否则会严重削弱甚至抵消你的优势。

公务员也是平常人，但应该是一个优秀的平常人，拿王阳明的话说就是"知行合一"。这个"知"，不是知识，是良知，坚持这一条，就能在看似平常的工作中做出不平常的事，就是一个平凡而伟大的人。

最后，我送给大家一个"分数规则"。40 年前我记下了列夫·托尔斯泰的一段话："一个人好比是分数，他的实际是分子，他对自己的评价是分母，分母越大则分数的值越小。"40 年来我不断验证，屡试不爽。一个人是这样，一个单位是这样，一个领袖、一个政府也概莫能外。你可能做了很多事，但是一旦高估了自己，分母大于分子，结果就越小。我问一位青年干部："你认为我们政府工作能打多少分？如果满分是 10 分的话。"他说："9 分。"有这么高吗？我们做了很多好事，但如果大众的心里评价没有 9 分，结果就要大打折扣甚至是负数了。多少分不是自己定的，是人民和历史判的。我又问一位青年公务员能给自己评几分，他说低调一些，就打 4 分吧。能达到 4 分吗？很难说。低调不是自己说的，你以为你有 4 分，未必有，要看大家给你评几分。低调是指一个人自我评价低于实际，不是自己说自己低调。所以，我们会对有些大人物加以鄙视和否定，尽管他做了很多的事；相反，对一些小人物赞赏和肯定，尽管他的缺点很多。这就是"分数规则"在起作用，每个人都要对自己有一个清醒的认识。

这是我对认识自己的一点体会。

后记

　　我不曾想过要写什么书，也没想到会受邀到处演讲交流，只是在一些青年干部的要求下，逐渐有了总结经验教训的想法，在这个过程中，得到了无数的机关干部的鼓励和帮助。特别是中央国家机关的青年干部张弛、姜玉冰、党海鹏等给了我更多的支持和协助，在此我表示感谢。还有我的家人给我提出了许多不同的意见，促使本书不断有所改进。如果这个话题还可以继续讨论下去的话，我希望读者朋友能提出意见和建议，特别是不同的意见。我的电邮：jgxw36ji@163.com 。

张 建　2014 年 12 月

责任编辑:薛　晴
装帧设计:周涛勇
责任校对:闫　宓

图书在版编目(CIP)数据

机关行为 36"忌"/张建 著. -北京:人民出版社,2015.2(2023.11 重印)
ISBN 978－7－01－014489－4

Ⅰ.①机…　Ⅱ.①张…　Ⅲ.①国家行政机关-文化-建设-中国
　Ⅳ.①D630.1

中国版本图书馆 CIP 数据核字(2015)第 027539 号

机关行为 36"忌"

JIGUAN XINGWEI 36 JI

张　建　著

人民出版社 出版发行
(100706　北京市东城区隆福寺街 99 号)

环球东方(北京)印务有限公司印刷　新华书店经销

2015 年 2 月第 1 版　2023 年 11 月北京第 23 次印刷
开本:710 毫米×1000 毫米 1/16　印张:10.75
字数:180 千字

ISBN 978－7－01－014489－4　定价:59.00 元

邮购地址 100706　北京市东城区隆福寺街 99 号
人民东方图书销售中心　电话 (010)65250042　65289539